小学1年生

作《さく》文《ぶん》・表《ひょう》現《げん》に

ぐーんと強《つよ》くなる

学習指導要領対応

KUMON

この　本《ほん》の　つかいかた

- もんだいを　はじめる　まえに、まとめコーナーを　よみましょう。
- かんまつの　「別《べっ》冊《さつ》解《かい》答《とう》例《れい》」は、とりはずして　つかいます。
- かきかたに　まよった　ときは、さく文《ぶん》の　お手本《てほん》と　かいせつを　よく　よみましょう。

もくじ

1 じぶんの　こと①……4
2 じぶんの　こと②……6
3 かぞくの　こと①……8

19 おてつだいを　した　こと①……40
20 おてつだいを　した　こと②……42
21 きょう　あった　こと①……44
22 きょう　あった　こと②……46
23 学校の　ぎょうじ①……48
24 学校の　ぎょうじ②……50
25 なつ休《やす》みの　できごと①……52
26 なつ休みの　できごと②……54
27 すきな　本①……56
28 すきな　本②……58
29 どくしょかんそう文①……60
30 どくしょかんそう文②……62
31 どくしょかんそう文③……64
32 手《て》がみを　かく①……66
33 手がみを　かく②……68

4 かぞくの　こと② …… 10
5 ともだちの　こと① …… 12
6 ともだちの　こと② …… 14
7 先生《せんせい》の　こと① …… 16
8 先生の　こと② …… 18
9 学校《がっこう》の　こと① …… 20
10 学校の　こと② …… 22
11 すきな　たべもの① …… 24
12 すきな　たべもの② …… 26
13 すきな　あそび① …… 28
14 すきな　あそび② …… 30
15 あさ　した　こと① …… 32
16 あさ　した　こと② …… 34
17 学校で　した　こと① …… 36
18 学校で　した　こと② …… 38

34 かんさつした　こと① …… 70
35 かんさつした　こと② …… 72
36 人《ひと》に　きいた　こと① …… 74
37 人に　きいた　こと② …… 76
38 本で　しらべた　こと① …… 78
39 本で　しらべた　こと② …… 80
40 おはなしを　つくる① …… 82
41 おはなしを　つくる② …… 84
42 おはなしを　つくる③ …… 86
43 一年《いちねん》かんの　おもい出《で》① …… 88
44 一年かんの　おもい出② …… 90
45 二年生《にねんせい》に　なったら　したい　こと① …… 92
46 二年生に　なったら　したい　こと② …… 94
げんこうようしの　つかいかた …… 96

1 じぶんの こと ①

じこしょうかいの 文《ぶん》しょうの かきかた

ともだちに、じぶんの ことを しって もらう ための 文《ぶん》しょうを かきましょう。

かく こと

● じぶんの 名《な》まえ
● すきな もの・こと　● すきな わけ

◆文《ぶん》しょうに なにを かくか かんがえて、メモに まとめて おこう。

◆わけを かく ときは、「〜からです。」と いう いいかたで かこう。

れい

ふたりが すきな ものは、なにかな？
わたしは、ねこが すきだよ。
みゆさん
ぼくは、でん車《しゃ》が 大《だい》すきだよ！

---

1 みゆさんの ことばを よんで こたえましょう。

わたしは、ねこが すきだよ。まんまるの 目《め》が、かわいいからだよ。

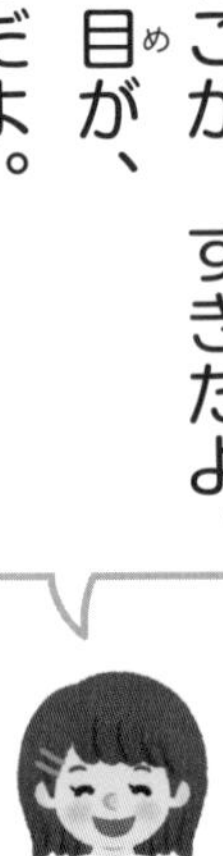

みゆさん

(1) みゆさんが すきな ものは なんでしょう。（　）に ○を つけましょう。

（　）うさぎ

（　）ねこ

（　）でん車《しゃ》

(2) すきな わけは なんでしょう。（　）に あう ことばを かきましょう。

まんまるの（　　）が、かわいいから。

メモを　つくる

2 まえの　ページの　〈みゆさんの　メモ〉の　**1**を　見《み》て、（　）に　あう　ことばを　かきましょう。

〈みゆさんの　メモ〉

名《な》まえ　川口《かわぐち》みゆ

すきな もの・こと　（　　　　）

すきな わけ　まんまるの（　　　）が、（　　　）から。

こんなふうに、メモを　つくって　かく　ことを　きめて　おくと、文《ぶん》しょうが　かきやすいよ。

文《ぶん》しょうを　かく

3 上《うえ》の　〈みゆさんの　メモ〉を　見《み》て、〈みゆさんの　文《ぶん》しょう〉の　（　）に　あう　ことばを　かきましょう。うすい　字《じ》は　なぞりましょう。

〈みゆさんの　文《ぶん》しょう〉

わたしの（　　　）は、川口《かわぐち》みゆです。わたしは、（　　　）が　すきです。まんまるの

（　　　からです　）。

わけを　かく　ときは、「～からです。」と　いう　いいかたで　かこう。

2 じぶんの こと ②

ともだちに、じぶんの ことを しって もらう ための 文《ぶん》しょうを かきましょう。

メモを つくる

あなたが すきな ものや すきな ことは、なにかな? どうして すきなのかな? かんがえて、メモに かこう。

❶ あなたの 〈メモ〉を つくりましょう。

〈メモ〉

名《な》まえ

すきな もの・こと

すきな わけ

から。

文《ぶん》しょうを　かく

2 まえの　ページの　〈メモ〉を　見《み》て、文《ぶん》しょうを　かきましょう。
うすい　字《じ》は　なぞりましょう。

▲どちらかを（　）で　かこもう。

（ぼく・わたし）の　名《な》まえは、

名《な》まえ（　　　　）です。

（ぼく・わたし）は、

すきなもの・こと（　　　　）が

すきです。

すきなわけ（　　　　からです）。

わけを　かく
ときは、
「〜からです。」を
つかうと
いいんだね。

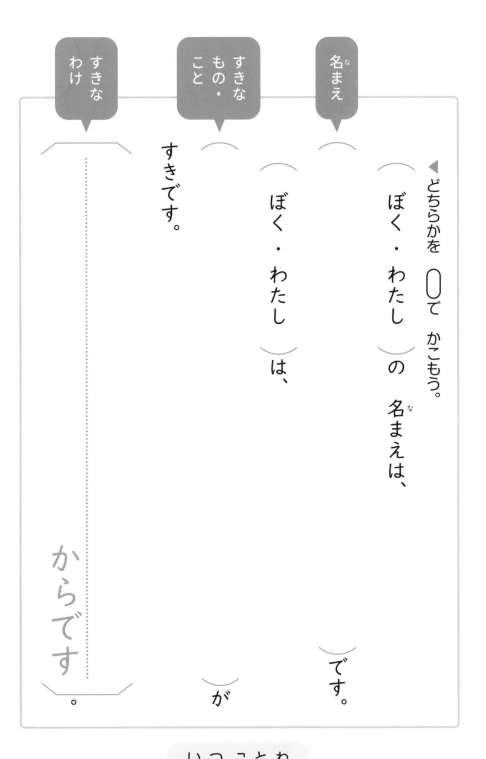

3 かぞくの こと ①

かぞくを しょうかいする 文《ぶん》しょうの かきかた

あなたの かぞくの ことを、ともだちに しょうかいする 文《ぶん》しょうを かきましょう。

◆しょうかいする かぞくを、ひとり きめよう。
その 人《ひと》の ことを、おもいうかべて、
どんな 人《ひと》かや、その 人《ひと》の
すきな ところを かんがえよう。

れい

ともさん
ぼくは、おとうさんを しょうかいしたいな！
おとうさんは、どんな 人《ひと》かな？
オムライスを つくるのが じょうずなんだ。
おとうさんの どんな ところが すきかな？
力《ちから》もちで、かた車《ぐるま》を して くれる ところが 大《だい》すきだよ！

① 上《うえ》の まんがを 見《み》て、こたえましょう。

(1) ともさんが しょうかいしたい かぞくは だれでしょう。（　）に ○を つけましょう。

（　）おとうさん
（　）おかあさん
（　）おとうと

(2) ともさんは、おとうさんの どんな ところが すきでしょう。（　）に あう ことばを かきましょう。

力《ちから》もちで、（　　　　）を して くれる ところ。

メモを つくる

❷ まえの ページの まんがを 見《み》て、〈ともさんの メモ〉の（　）に あう ことばを かきましょう。

〈ともさんの メモ〉

・しょうかいする かぞく
（　　　）
・どんな 人《ひと》か
（　　　）を
つくるのが じょうず。
・すきな ところ
力《ちから》もちで、（　　　）を
して くれる ところ。

「どんな 人《ひと》か」は、その 人《ひと》が じょうずな ことや、いつも して いる こと、いえに いる ときの ようすなどを かくと いいよ。

文《ぶん》しょうを かく

❸ 上《うえ》の 〈ともさんの メモ〉を 見《み》て、〈ともさんの 文《ぶん》しょう〉の（　）に あう ことばを かきましょう。うすい 字《じ》は なぞりましょう。

〈ともさんの 文《ぶん》しょう〉

ぼくの（おとうさんを しょうかいします）。
（おとうさんは）、オムライスを
（　　　）のが じょうずです。
ぼくは、（おとうさんの）
（　　　）
ところが すきです。

4 かぞくの こと ②

あなたの かぞくの ことを、ともだちに しょうかいする 文《ぶん》しょうを かきましょう。

メモを つくる

あなたは、だれの ことを しょうかいしたいかな? ひとり きめよう。

❶ あなたの 〈メモ〉を つくりましょう。

〈メモ〉

・しょうかいする かぞく

（　　　　　　）

・どんな 人《ひと》か

・じょうずな こと
・いつも して いる こと
・いえに いる ときの ようす
などを かこう。

（　　　　　　）

・すきな ところ

あなたが その 人《ひと》の どんな ところが すきかを かこう。

（　　　　　　ところ。）

文《ぶん》しょうを　かく

2 まえの　ページの　〈メモ〉を　見《み》て、文《ぶん》しょうを　かきましょう。
うすい　字《じ》は　なぞりましょう。

かく　ことを
〈メモ〉で
せいりしたから、
わかりやすい
文《ぶん》しょうが　かけるね。

▶どちらかを　（　）で　かこもう。

しょうかいする　かぞく

（ぼく・わたし）の
（　　　　をしょうかいします）。

どんな　人《ひと》か

（ぼく・わたし）の（　　　　）は、
〔　　　　　　　　〕

すきな　ところ

（ぼく・わたし）は、（　　　　）の
〔　　　　ところがすきです〕。

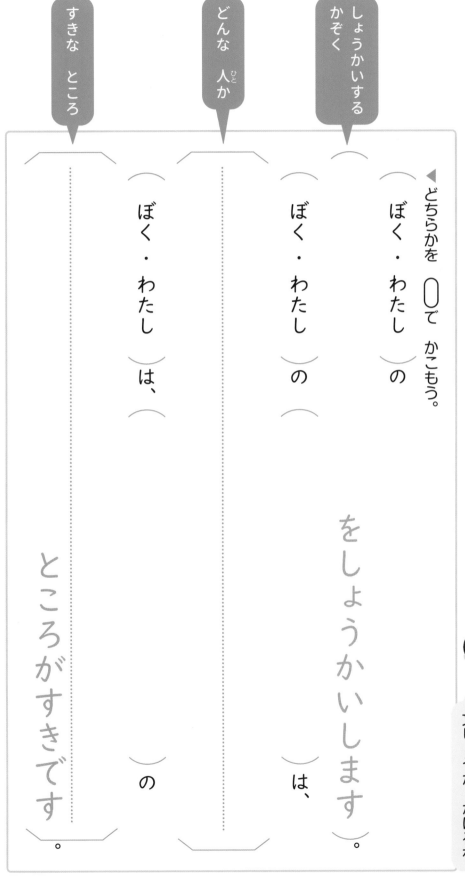

5 ともだちの こと ①

ともだちを しょうかいする 文《ぶん》しょうの かきかた

ともだちの ことを、ほかの ともだちに しょうかいする 文《ぶん》しょうを かきましょう。

◆しょうかいする ともだちを、ひとり きめよう。その 人《ひと》の ことを おもいうかべて、どんな 人《ひと》かや、その 人《ひと》の すきな ところを かんがえよう。

れい

みゆさんが しょうかいしたい ともだちは、だれかな？
山本《やまもと》はるかさん だよ！
はるかさんは、どんな 人《ひと》？
いつも げん気《き》で、なわとびが じょうずなんだ！
みゆさんは、はるかさんの どんな ところが すきかな？
おもしろい はなしを して くれる ところ！

① メモを つくる

上《うえ》の まんがを 見《み》て、〈みゆさんの メモ〉の（　）に あう ことばを かきましょう。

〈みゆさんの メモ〉

・しょうかいする ともだちの 名《な》まえ

山本《やまもと》はるかさん

・どんな 人《ひと》か

いつも（　　）で、（　　）が じょうず。

・すきな ところ

（　　）を して くれる ところ。

2 まえの　ページの　〈みゆさんの　メモ〉を　見《み》て、〈みゆさんの　文《ぶん》しょう〉の（　）に　あう　ことばを　かきましょう。うすい　字《じ》は　なぞりましょう。

しょうかいする ともだちの 名《な》まえ

どんな　人《ひと》か
・学校《がっこう》に　いる　ときの　ようす
・じょうずな　こと
・いつも　して　いる　こと
など

すきな　ところ

〈みゆさんの　文《ぶん》しょう〉

わたしの（ともだちの山本はるかさんを しょうかいします）。

（はるかさんは）、いつも（　　　）で、（　　　です）。

わたしは　はるかさんの、（　　　）ところが　すきです。

はるかさんの　ことが　よく　わかったよ！

6 ともだちの こと ②

あなたの ともだちの ことを、ほかの ともだちに しょうかいする 文《ぶん》しょうを かきましょう。

メモを つくる

クラスの ともだちでも いいし、いつも いっしょに あそんで いる ともだちでも いいよ。だれを しょうかいしたいかな？

❶ あなたの 〈メモ〉を つくりましょう。

〈メモ〉

・しょうかいする ともだちの 名《な》まえ

・どんな 人《ひと》か

・学校《がっこう》に いる ときの ようす
・じょうずな こと
・いつも して いる こと
などを かこう。

・すきな ところ

あなたが その 人《ひと》の どんな ところが すきかを かこう。

ところ。

文《ぶん》しょうを　かく

2 まえの　ページの　〈メモ〉を　見《み》て、文《ぶん》しょうを　かきましょう。
うすい　字《じ》は　なぞりましょう。

しょうかいする　ともだちの　名《な》まえ

どんな　人《ひと》か

すきな　ところ

▼どちらかを　◯で　かこもう。

（ぼく・わたし）の　ともだちの
（　　　　をしょうかいします）。
（　　　　）は、
（　　　　　　　　　　　　　　）
（ぼく・わたし）は（　　　　）の、
（ところがすきです）。

文《ぶん》しょうが　かけたら、
かきまちがえて　いる
ところが　ないか、
よんで　たしかめよう。

7

先《せん》生《せい》の こと ①

先生《せんせい》を しょうかいする 文《ぶん》しょうの かきかた

あなたの クラスの 先生《せんせい》の ことを、
おうちの 人《ひと》に しょうかいする
文《ぶん》しょうを かきましょう。

◆いつもの 先生《せんせい》の ようすを おもいうかべて、
どんな 先生《せんせい》かや、その 先生《せんせい》の
すきな ところを かんがえよう。

れい

先生《せんせい》の 名《な》まえは、木村《きむら》だいすけ 先生《せんせい》だよ。
やさしくて、いつも いっしょに あそんで くれるんだ。
ときどき、手《て》じなを して くれるよ！
ともさんは、木村先生《きむらせんせい》の どんな ところが すきかな？
たくさん ほめて くれる ところが すきだよ！

メモを つくる

① 上《うえ》の まんがを 見《み》て、〈ともさんの メモ〉の （　）に あう ことばを かきましょう。

〈ともさんの メモ〉

・しょうかいする 先生《せんせい》の 名《な》まえ
木村《きむら》だいすけ先生《せんせい》

・どんな 先生《せんせい》か
やさしくて、いつも いっしょに
（　　　　）くれる。
ときどき、（　　　　）を
して くれる。

・すきな ところ
たくさん
（　　　　）
ところ。

2 まえの　ページの　〈ともさんの　メモ〉を　見《み》て、〈ともさんの　文《ぶん》しょう〉の（　）に　あう　ことばを　かきましょう。うすい　字《じ》は　なぞりましょう。

〈ともさんの　文《ぶん》しょう〉

しょうかいする　先生《せんせい》の　名《な》まえ

どんな　先生《せんせい》か
・学校《がっこう》に　いる　ときの　ようす
・じょうずな　こと
・いつも　して　いる　こと　など

すきな　ところ

ぼくの　クラスの　木村《きむら》だいすけ先生《せんせい》を（しょうかいします）。

木村《きむら》先生《せんせい》は、（やさしくて）、いつも　いっしょに（　　）くれます。ときどき、（　　くれます）。

ぼくは　木村《きむら》先生《せんせい》の、（　　）が　すきです。

木村《きむら》先生《せんせい》の　ことが　よく　わかるように　かけたね！

8 先《せん》生《せい》の　こと ②

あなたの　クラスの　先生《せんせい》の　ことを、
おうちの　人《ひと》に　しょうかいする
文《ぶん》しょうを　かきましょう。

メモを　つくる

いつもの　先生《せんせい》の　ようすを
おもいうかべて　みよう。

① あなたの　〈メモ〉を　つくりましょう。

〈メモ〉

・しょうかいする　先生《せんせい》の　名《な》まえ

（　　　　）先生《せんせい》

・どんな　先生《せんせい》か

・学校《がっこう》に　いる　ときの　ようす
・じょうずな　こと
・いつも　して　いる　こと
などを　かこう。

・すきな　ところ

あなたが　その　先生《せんせい》の　どんな　ところが　すきかを　かこう。

2 まえの　ページの　〈メモ〉を　見《み》て、文《ぶん》しょうを　かきましょう。
うすい　字《じ》は　なぞりましょう。

▶どちらかを　◯で　かこもう。

しょうかい　する　先生《せんせい》の　名《な》まえ

（ぼく・わたし）の　クラスの
（　　　　）先生をしょうかいします。
（　　　　）先生は、

どんな　先生《せんせい》か

（　　　　　　　　　　　　　　　　）

（ぼく・わたし）は（　　　　）先生の、

すきな　ところ

（　　　　　　　　　ところがすきです）。

〈メモ〉に　かいた　ことを、「～です。」「～ます。」と　いう　ていねいな　いいかたで　かくんだね。

学校《がっこう》を しょうかいする 文《ぶん》しょうの かきかた

学校《がっこう》の 中《なか》で すきな ばしょを、おうちの 人《ひと》に しょうかいする 文《ぶん》しょうを かきましょう。

◆その ばしょの ようすを よく おもいうかべて、かこう。どんな ところが すきかも かんがえて みよう。

れい

①
としょしつを しょうかい したいな! としょしつは、本《ほん》だなが たくさん あって、いろいろな 本《ほん》が ならんで いるよ。
②
みんなが、すきな 本《ほん》を よんだり かりたり できるね。
③
わたしは、としょしつで どうぶつずかんを 見《み》るのが すきだな!

メモを つくる

1 上《うえ》の まんがを 見《み》て、〈みゆさんの メモ〉の （　　）に あう ことばを かきましょう。

〈みゆさんの メモ〉

・しょうかいする ばしょ
（　　　　　　）

・どんな ばしょか
（　　　　）が たくさん あって、
いろいろな 本《ほん》が ならんで いる。
みんなが、すきな 本《ほん》を よんだり
（　　　　）できる。

・すきな ところ
としょしつで （　　　　）
を 見《み》るのが すき。

2 まえの　ページの　〈みゆさんの　メモ〉を　見《み》て、〈みゆさんの　文《ぶん》しょう〉の（　）に　あう　ことばを　かきましょう。うすい　字《じ》は　なぞりましょう。

〈みゆさんの　文《ぶん》しょう〉

しょうかいする　ばしょ

どんな　ばしょか
・なにを　する　ばしょか
・なにが　あるか　など

すきな　ところ
・そこで　なにを　するのが　すきか
・すきな　わけ　など

わたしが　学校《がっこう》で　すきな　ばしょは、（　　　　です）。
（　　　　）は、（　　　　）が　たくさん
あって、いろいろな　本《ほん》が（　　　　います）。
みんなが、すきな　本《ほん》を（　　　　）
できます。
わたしは、（　　　　）で
（　　　　）のが　すきです。

としょしつの　ことが　よく　わかるね！　ぼくも　としょしつに　いきたく　なったよ。

10 学《がっ》校《こう》の こと ②

学校《がっこう》の 中《なか》で あなたが すきな ばしょを、
おうちの 人《ひと》に しょうかいする 文《ぶん》しょうを
かきましょう。

メモを つくる

学校《がっこう》には、いろいろな ばしょが
あるよね。あなたが すきな ばしょや、
よく いく ばしょは どこかな？
その ようすを おもい出《だ》して みよう。

❶ あなたの 〈メモ〉を つくりましょう。

〈メモ〉

・しょうかいする ばしょ

・どんな ばしょか

・なにを する ばしょか
・なにが あるか
などを かこう。

・すきな ところ

・そこで なにを するのが すきか
・すきな わけ
などを かこう。

文《ぶん》しょうを　かく

2 まえの　ページの　〈メモ〉を　見《み》て、文《ぶん》しょうを　かきましょう。うすい　字《じ》は　なぞりましょう。

▼どちらかを　◯で　かこもう。

しょうかいする ばしょ

（ぼく・わたし）が　学《がっ》校《こう》で　すきな　ばしょは、

（　　　　　　　　です）。

（　　　　　　）は、

どんな ばしょか

……………………

……………………

（ぼく・わたし）は、

すきな ところ

……………………

「○○で　～を　するのが　すきです。」や、「～から、○○が　すきです。」と　いう　いいかたで　かくと　いいよ。

11 すきな たべもの ①

たべものを おすすめする 文《ぶん》しょうの かきかた

あなたが すきな たべものを、ともだちに おすすめする 文《ぶん》しょうを かきましょう。

◆「たべたいな」と おもって もらえるように、よい ところを かんがえて かこう。

れい

・あじ ・におい ・たべた かんじ
・おいしい たべかた など

ぼくは、大《だい》すきな なしを おすすめ したいな！
なしの よい ところは どこだと おもうかな？
あまい ところ！ それと、たべた かんじが シャリシャリして いる ところだよ。
なしは、どう やって たべると おいしいかな？
ひやして たべると、とても おいしいよ！

メモを つくる

① 上《うえ》の まんがを 見《み》て、〈ともさんの メモ〉の（ ）に あう ことばを かきましょう。

〈ともさんの メモ〉

・おすすめする たべもの
　なし
・よい ところ
　・あまい。
　・たべた かんじは（　　　）して いる。
・（　　　）たべると、
　とても（　　　）。

② まえの　ページの　〈ともさんの　メモ〉を　見《み》て、〈ともさんの　文《ぶん》しょう〉の（　）に　あう　ことばを　かきましょう。うすい　字《じ》は　なぞりましょう。

〈ともさんの　文《ぶん》しょう〉

おすすめする　たべもの

よい　ところ
・あじ
・におい
・たべた　かんじ
・おいしい　たべかた
など

よびかける　ことば

ぼくは、（なしを　おすすめします）。
なしは、（あまくて）、たべた　かんじは
（　　　していま　す）。
（　　　たべると）、とても
（　　　です）。
ぜひ　たべてください。

さいごに、文《ぶん》しょうを　よむ　人《ひと》に　よびかける　ことばを　かこう。

なしの　おいしそうな　かんじが　よく　わかって、なしが　たべたく　なったよ！

12 すきな たべもの ②

あなたが すきな たべものを、ともだちに おすすめする 文《ぶん》しょうを かきましょう。

メモを つくる

あなたの すきな たべものの よい ところを かんがえて、メモに かき出《だ》して みよう。

① あなたの 〈メモ〉を つくりましょう。

・あじ
・におい
・たべた かんじ
・おいしい たべかた
などを、二《ふた》つから 三《みっ》つ、かんがえて かこう。

〈メモ〉

・おすすめする たべもの
（　　　　）

・よい ところ

・〈　　　　〉

・〈　　　　〉

・〈　　　　〉

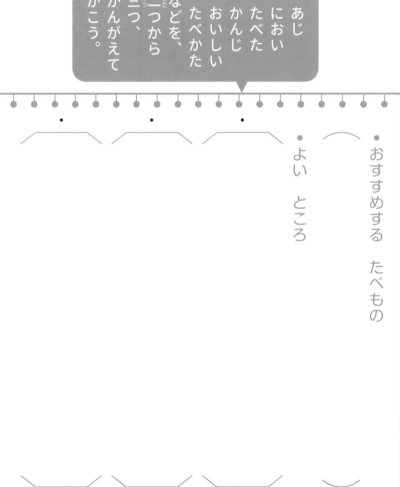

文《ぶん》しょうを　かく

2 まえの　ページの　〈メモ〉を　見《み》て、文《ぶん》しょうを　かきましょう。
うすい　字《じ》は　なぞりましょう。

▼どちらかを ○で かこもう。

（ぼく・わたし）は、

おすすめする たべもの

（　　　　をおすすめします）。

（　　　　）は、

よい　ところ

（　　　　）

よびかける ことば

（ぜひたべてください）。

よむ　人《ひと》に　よびかける
ことばを　さいごに　かくと、
気《き》もちが　つたわるよ。

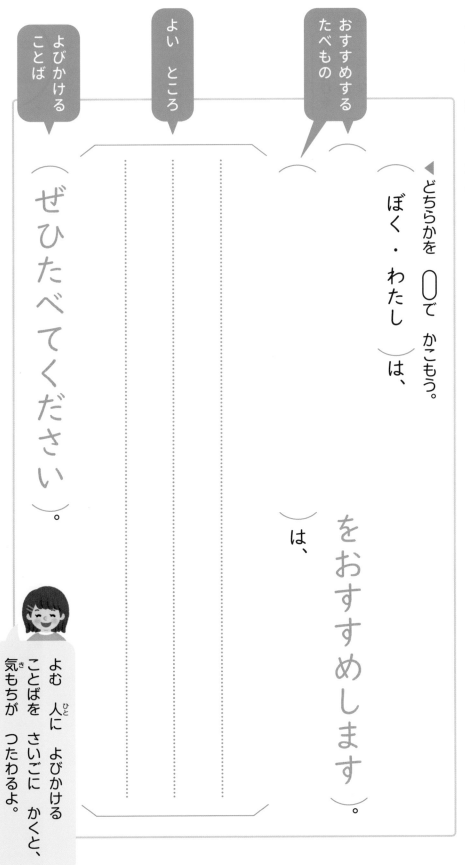

13 すきな あそび ①

あそびを おすすめする 文《ぶん》しょうの かきかた

あなたが すきな あそびを、ともだちに
おすすめする 文《ぶん》しょうを かきましょう。

◆「あそびたいな。」と おもって もらえるように、
よい ところを かんがえて かこう。

れい

・あそびかた ・おもしろい ところ ・できる こと
・あそんで いる ときの 気《き》もち など

なわとびを おすすめ したいな！
ぴょん ぴょん とぶのが たのしいよ。
いろいろな とびかたが できるように なると、うれしいよ。ともだちと、だれが たくさん とべるか きょうそうを するのも おもしろいんだ！

メモを つくる

① 上《うえ》の まんがを 見《み》て、〈みゆさんの メモ〉の
（　　）に あう ことばを かきましょう。

〈みゆさんの メモ〉

・おすすめする あそび
（　　　　）
・よい ところ
・ぴょんぴょん とぶのが たのしい。
・（　　　　）が
できるように なると、うれしい。
・ともだちと、だれが たくさん
とべるか （　　　　）を
するのも （　　　　）。

文《ぶん》しょうを　かく

❷ まえの　ページの　〈みゆさんの　メモ〉を　見《み》て、〈みゆさんの　文《ぶん》しょう〉の（　）に　あう　ことばを　かきましょう。うすい　字《じ》は　なぞりましょう。

〈みゆさんの　文《ぶん》しょう〉

おすすめする　あそび

よい　ところ
・あそびかた
・おもしろい　ところ
・できる　こと
・あそんで　いる　ときの　気《き》もち　など

文《ぶん》が　たくさん　ある　ときは、文《ぶん》と　文《ぶん》を　つなぐ　ことばを　つかおう。

よびかける　ことば

わたしは、（をおすすめします）。
（なわとび）は、ぴょんぴょん（　）のが
（　）です。
それから、（　）が　できるように
なると、（です）。
ともだちと、だれが　たくさん　とべるか
（　）を　するのも　おもしろいです。
ぜひ　やってください。

して　いる　あそびでも、気《き》づかなかった　ことが　たくさん　あるね！

14 すきな　あそび　②

あなたが　すきな　あそびを、ともだちに　おすすめする　文《ぶん》しょうを　かきましょう。

メモを　つくる

あなたが　すきな　あそびを　して　いる　ときの　ことを　おもいうかべて、よい　ところを　メモに　かき出《だ》して　みよう。

❶ あなたの　〈メモ〉を　つくりましょう。

〈メモ〉

・おすすめする　あそび

（　　　　）

・よい　ところ

・〈　　　　〉

・〈　　　　〉

・〈　　　　〉

・あそびかた
・おもしろい　ところ
・できる　こと
・あそんで　いる　ときの　気《き》もち
などを、二《ふた》つから　三《みっ》つ、かんがえて　かこう。

文《ぶん》しょうを　かく

❷ まえの　ページの　〈メモ〉を　見《み》て、文《ぶん》しょうを　かきましょう。うすい　字《じ》は　なぞりましょう。

おすすめ　する　あそび

▶どちらかを　◯で　かこもう。

（ぼく・わたし）は、

（　　　　　　）は、

（　　　　　　）をおすすめします。

よい　ところ

文《ぶん》と　文《ぶん》を　つなぐ　ことばを　つかって　みよう。
そして
それから
ほかに
など

（　　　　　　　　　　　　　　　　　　　　）

よびかける　ことば

（ぜひやってください）。

15 あさ した こと ①

した ことを しらせる 文《ぶん》しょうの かきかた

あさ おきてから、学校《がっこう》へ いく までに した ことを、先生《せんせい》に しらせる 文《ぶん》しょうを かきましょう。

◆した ことを じゅんばんに おもい出《だ》して、じゅんじょを あらわす ことばを つかって かこう。

じゅんじょを あらわす ことば
- はじめに
- つぎに
- それから
- さいごに

など

れい

①
おきたら、かおを あらって……。
②
あさごはんを たべて……。
③
はみがきを して……。
④
テレビを 見《み》ながら きがえを して……。
⑤
いって きます!

メモを つくる

1 上《うえ》の まんがを 見《み》て、〈ともさんの メモ〉の（　）に あう ことばを かきましょう。

〈ともさんの メモ〉

• あさ おきてから した こと

① かおを あらった。

② （　　　）を たべた。

③ （　　　）を した。

④ テレビを 見《み》ながら（　　　）を した。

した じゅんに かき出《だ》して いこう。

文《ぶん》しょうを かく

2 まえの ページの 〈ともさんの メモ〉を 見《み》て、〈ともさんの 文《ぶん》しょう〉の
（　）に あう ことばを かきましょう。うすい 字《じ》は なぞりましょう。

〈ともさんの 文《ぶん》しょう〉

あさ おきてから した こと

ぼくは、あさ おきて、（はじめに）、かおを
（あらいました）。
（つぎに）、あさごはんを
（　　　　）。
（それから）、（　　　　）を しました。
（さいごに）、（　　　　）を 見《み》ながら
（　　　　）。

じゅんじょを あらわす ことばを つかおう。
はじめに
つぎに
それから
さいごに
など

じゅんじょ よく かいて あるから、 わかりやすいね！

16 あさ した こと ②

あなたが あさ おきてから、学校《がっこう》へ いく までに した ことを、先生《せんせい》に しらせる 文《ぶん》しょうを かきましょう。

メモを つくる

あさの ことを よく おもい出《だ》して みよう。あなたは はじめに なにを したかな？ じゅんに かいて いこう。

❶ あなたの 〈メモ〉を つくりましょう。

〈メモ〉

・あさ おきてから した こと

①（　　　）

②（　　　）

③（　　　）

④（　　　）

（　）は、ぜんぶ かかなくても いいよ。三《みっ》つは かこう！

2 まえの　ページの　〈メモ〉を　見《み》て、文《ぶん》しょうを　かきましょう。
うすい　字《じ》は　なぞりましょう。

あさ
おきてから
した　こと

じゅんじょを
あらわす
ことばを
つかおう。
はじめに
つぎに
それから
さいごに
など

▼どちらかを　○で　かこもう。

（ぼく・わたし）は、あさ　おきて、

（はじめに、

（　　　）

（　　　）

（　　　）

〈メモ〉に
かいた　ぶんだけ
かけば　いいよ。

（　　　）。
（　　　）。
（　　　）。
（　　　）。

じゅんじょに　気《き》を
つけて　かく　ことが
大《たい》せつだね。

17 学《がっ》校《こう》で した こと ①

した ことを しらせる 文《ぶん》しょうの かきかた

学《がっ》校《こう》で した ことを、おうちの 人《ひと》に しらせる 文《ぶん》しょうを かきましょう。

◆**はじめ・なか・おわり**の くみ立《た》てで かこう。

はじめ いつ・なにを した
なか した ことの せつめい
おわり おもった こと・気《き》もち

その ときの ことを おもい出《だ》そう。

れい

①
わたしは、きのうの ずこうの じかんに、かみコップで 人《にん》ぎょうを つくった ことを かきたいな。
②
どんな ふうに して つくったの?
はじめに、かみコップに かおを かいて、いろを ぬったよ。
③
それから、おりがみで 手《て》と 足《あし》を つくって、のりで つけたんだ!
④
つくって みて、どう おもったかな?
とっても たのしかったよ!

メモを つくる

1 上《うえ》の まんがを 見《み》て、〈みゆさんの メモ〉の （　）に あう ことばを かきましょう。

〈みゆさんの メモ〉

はじめ	なか	おわり
・いつ ・なにを した きのうの ずこうの じかん かみコップで 人《にん》ぎょうを つくった。	・した ことの せつめい ・かみコップに（　　）、いろを ぬった。 ・おりがみで（　　）を つくって、のりで つけた。	・おもった こと・気《き》もち とても（　　）。

2 まえの　ページの　〈みゆさんの　メモ〉を　見《み》て、〈みゆさんの　文《ぶん》しょう〉の（　）に　あう　ことばを　かきましょう。うすい　字《じ》は　なぞりましょう。

〈みゆさんの　文《ぶん》しょう〉

はじめ	なか	おわり
いつ・なにを　した	した　ことの　せつめい ・した　こと ・見《み》た　こと ・きいた　こと ・はなした　こと など	おもった　こと・気《き》もち

わたしは、（きのうの　　　）に、
かみコップで（　　　）を　つくりました。
はじめに、（　　　）に　かおを　かいて、
いろを（　　　）。
それから、（　　　）で　手《て》と　足《あし》を
つくって、のりで（　　　）。
（とても　　　です）。

みゆさんの　した　ことが　よく　わかったよ！　ぼくは、なにを　した　ことを　かこうかなあ。

18 学《がっ》校《こう》で した こと ②

あなたが 学校《がっこう》で した ことを、おうちの 人《ひと》に しらせる 文《ぶん》しょうを かきましょう。

メモを つくる

たのしかった ことや、がんばった ことなどを おもい出《だ》そう。あなたが おうちの 人《ひと》に しらせたいのは、どんな ことかな？

① あなたの 〈メモ〉を つくりましょう。

〈メモ〉

・した こと
・見《み》た こと
・きいた こと
・はなした こと
などを、した じゅんに かこう。

その ときに おもった ことや、気《き》もちを かこう。

はじめ	なか	おわり
・いつ（　　） ・なにを した（　　）	・した ことの せつめい（　　）	・おもった こと・気《き》もち（　　）

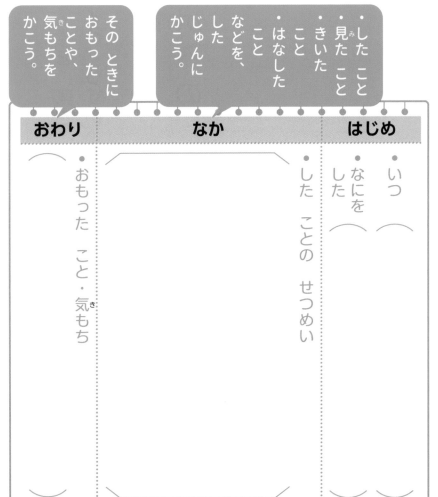

2 まえの　ページの　〈メモ〉を　見《み》て、文《ぶん》しょうを　かきましょう。

はじめ・なか・おわりの　くみ立《た》てで　かくよ！

はじめ

いつ・なにを　した

▶どちらかを〇で　かこもう。

（ぼく・わたし）は、（　　　）、

▶いつ

▶なにを　した

（　　　）。

なか

したことの　せつめい

おわり

おもったこと・気《き》もち

（　　　）。

19 おてつだいを した こと ①

した ことを しらせる 文《ぶん》しょうの かきかた

いえで おてつだいを した ことを しらせる 文《ぶん》しょうを かきましょう。

◆した ことを じゅんばんに おもい出《だ》して、じゅんじょを あらわす ことばを つかって かこう。

じゅんじょを あらわす ことば
- はじめに
- つぎに
- それから
- さいごに など

れい

ぼくは、土《ど》よう日《び》の あさに、げんかんそうじを したよ。
①
はじめに、くつを ぜんぶ くつばこに 入《い》れたよ。
②
つぎに、ほうきで げんかんを はいたよ。
③
さいごに、くつを 出《だ》して、きれいに ならべたよ。
④
げんかんが ぴかぴかに なって、気《き》もちが いいな！

メモを つくる

1 上《うえ》の まんがを 見《み》て、〈ともさんの メモ〉の （　）に あう ことばを かきましょう。

〈ともさんの メモ〉

- いつ　土《ど》よう日《び》の あさ
- なにを した　（　　　）
- した こと　はじめに、くつを ぜんぶ くつばこに 入《い》れた。つぎに、（　　　）で げんかんを はいた。さいごに、くつを 出《だ》して、きれいに（　　　）。
- おもった こと　げんかんが ぴかぴかに なって、気《き》もちが よかった。

2 まえの ページの 〈ともさんの メモ〉を 見《み》て、〈ともさんの 文《ぶん》しょう〉の（　）に あう ことばを かきましょう。うすい 字《じ》は なぞりましょう。

〈ともさんの 文《ぶん》しょう〉

いつ・なにを した

ぼくは、土《ど》よう日《び》の あさに、（　　　）を しました。

した こと

（はじめに）、くつを ぜんぶ（　　　）に 入《い》れました。

（つぎに）、ほうきで げんかんを はきました。

（さいごに）、くつを 出《だ》して、きれいに（　　　）。

おもった こと

げんかんが（　　　）に なって、（気もちがよかったです）。

ともさんが、げんかんそうじを がんばって いる ようすが、よく わかったよ！

20 おてつだいを した こと ②

あなたが いえで おてつだいを した ことを しらせる 文《ぶん》しょうを かきましょう。

メモを つくる

あなたが おてつだいを した ときの ことを おもい出《だ》して、じゅんじょ よく かこう！

❶ あなたの 〈メモ〉を つくりましょう。

〈メモ〉

・いつ

・なにを した

した ことを じゅんばんに かこう。

・した こと

・おもった こと

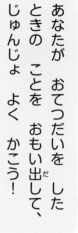

文《ぶん》しょうを かく

2 まえの ページの 〈メモ〉を 見《み》て、文《ぶん》しょうを かきましょう。
うすい 字《じ》は なぞりましょう。

した ことを じゅんじょ よく かく ことが たいせつなんだね。

いつ・なにを した

▼どちらかを ○で かこもう。 ▼いつ

（ぼく・わたし）は、（　　　　）、

▼なにを した

（　　　　）をしました。

した こと

（はじめに、　　　　）

じゅんじょを あらわす ことばを つかって みよう。

おもった こと

（　　　　）。

21 きょう あった こと ①

えにっきの かきかた

その 日《ひ》に あった ことを、えと 文《ぶん》で かきましょう。

◆あった ことを おもい出《だ》そう。

●たのしかった こと ●がんばった こと
●うれしかった こと ●おどろいた こと
●はじめて した こと など

◆はじめの 文《ぶん》に、どんな ことが あったかを かこう。

●どこで ●だれと
●なにを した など

れい

①
こうえんで、かくれんぼを した ことを かきたいな。
②
大《おお》きい 木《き》の うしろに、しゃがんで かくれたんだ。
③
おにの 足音《あしおと》が きこえた ときは、どきどき したな。
④
すぐに 見《み》つかって しまったけれど、たのしかった！

メモを つくる

❶ 上《うえ》の まんがを 見《み》て、〈みゆさんの メモ〉の （　）に あう ことばを かきましょう。

〈みゆさんの メモ〉

・どんな ことが あったか

こうえんで、（　　　）を した。

・した ことや おもった こと

大《おお》きい 木《き》の うしろに、（　　　）かくれた。

おにの 足音《あしおと》が きこえた ときは、（　　　）した。

すぐに 見《み》つかって しまったけれど、（　　　）。

2 まえの　ページの　〈みゆさんの　メモ〉を　見《み》て、〈みゆさんの　えにっき〉の（　）に　あう　ことばを　かきましょう。うすい　字《じ》は　なぞりましょう。

〈みゆさんの　えにっき〉

どんな　ことが　あったか

した　ことや　おもった　こと

日《ひ》づけを　かこう。

九月《がつ》十七日《にち》

きょう、こうえんで（　　）を

しました。大《おお》きい　木《き》の（　　）に、

しゃがんで（かくれました）。

おにの　足音《あしおと》が（　　）ときは、

（しました）。

すぐに（　　）しまったけれど、

（　　です）。

かくれて　いる　ときの　えを　かいたよ。

22 きょう あった こと ②

きょう あった ことを、えと 文《ぶん》で かきましょう。

メモを つくる

- たのしかった こと
- がんばった こと
- うれしかった こと
- おどろいた こと
- はじめて した こと

した ことや 見《み》た ことを おもい出《だ》して みよう。

① あなたの 〈メモ〉を つくりましょう。

〈メモ〉

- どんな ことが あったか
- した ことや おもった こと

・どこで
・だれと
・なにを した
などを かこう。

その ときの ことを、よく おもい出《だ》して かこう。

えにっきを　かく

❷ まえの　ページの　〈メモ〉を　見《み》て、えにっきを　かきましょう。
また、その　ときの　ことを　えに　かきましょう。

▼えを　かこう。

日《ひ》づけを　かこう。

月《がつ》　　日

どんな　ことが　あったか

した　ことや　おもった　こと

23 学校《がっ》の《こう》 ぎょうじ ①

できごとを しらせる 文《ぶん》しょうの かきかた

学校《がっこう》で あった ぎょうじの ことを しらせる 文《ぶん》しょうを かきましょう。

◆かきたい ぎょうじを 一《ひと》つ きめよう。

◆した ことや 見《み》た こと、おもった ことを かこう。その 中《なか》で、とくに こころに のこって いる ことを、くわしく かこう。

れい

五月《ごがつ》の えんそくの ことを かくよ！
こころに のこって いる ことは？
どうぶつえんに いって、きりんに えさを やった こと！
きりんが すぐ ちかくまで きて、すこし こわかったよ。
でも、はっぱを たべて いる かおが、とても かわいかったよ。また えさを やりたいな！

メモを つくる

① 上《うえ》の まんがを 見《み》て、〈ともさんの メモ〉の （　）に あう ことばを かきましょう。

〈ともさんの メモ〉

・いつ 五月《ごがつ》

・ぎょうじ えんそく

・した ことや 見《み》た こと、おもった こと

・（　　）に いった。

・（　　）に えさを やった。

・きりんが すぐ ちかくまで きて、すこし こわかった。

・はっぱを たべて いる かおが、とても （　　）。

・また きりんに えさを やりたい。

2 まえの　ページの　〈ともさんの　メモ〉を　見《み》て、〈ともさんの　文《ぶん》しょう〉の（　）に　あう　ことばを　かきましょう。うすい　字《じ》は　なぞりましょう。

〈ともさんの　文《ぶん》しょう〉

いつ・ぎょうじ

したことや　見《み》た　こと、おもったこと

五月《ごがつ》に、えんそくが　ありました。
ぼくたちは、（　　　　）に　いきました。
ぼくは、（　　　　）に　えさを　やりました。きりんが
すぐ（　　　　）まで　きて、すこし
（こわかったです）。でも、はっぱを　たべて　いる
かおが、とても（　　　　です）。
また　きりんに（　　　　）を　やりたいです。

くわしい　日《ひ》づけが　わかる　ときは、「○月《がつ》　○日《にち》に、」と　かいても　いいね。

ともさんは、きりんに　えさを　やった　ことが、とっても　たのしかったんだね。

24 学校《がっこう》の ぎょうじ ②

あなたの 学校《がっこう》で あった ぎょうじの ことを しらせる 文《ぶん》しょうを かきましょう。

メモを つくる

学校《がっこう》では、いつもの じゅぎょうとは ちがう、とくべつな ぎょうじの 日《ひ》が あるよね。あなたの 学校《がっこう》では、どんな ぎょうじが あったかな？

① あなたの 〈メモ〉を つくりましょう。

〈メモ〉

・いつ（　　）

・ぎょうじ（　　）

・した ことや 見《み》た こと、おもった こと

とくに こころに のこって いる ことを、くわしく かこう。

文《ぶん》しょうを　かく

2 まえの　ページの　〈メモ〉を　見《み》て、文《ぶん》しょうを　かきましょう。
うすい　字《じ》は　なぞりましょう。

いつ・ぎょうじ

▼いつ
（　　　　）に、

▼ぎょうじ
（　　　　がありました）。

した　ことや　見《み》た　こと、おもった　こと

その　ぎょうじの　中《なか》で、とくに　こころに　のこって　いる　ことを　くわしく　かくと、あなたらしい　文《ぶん》しょうに　なるよ。

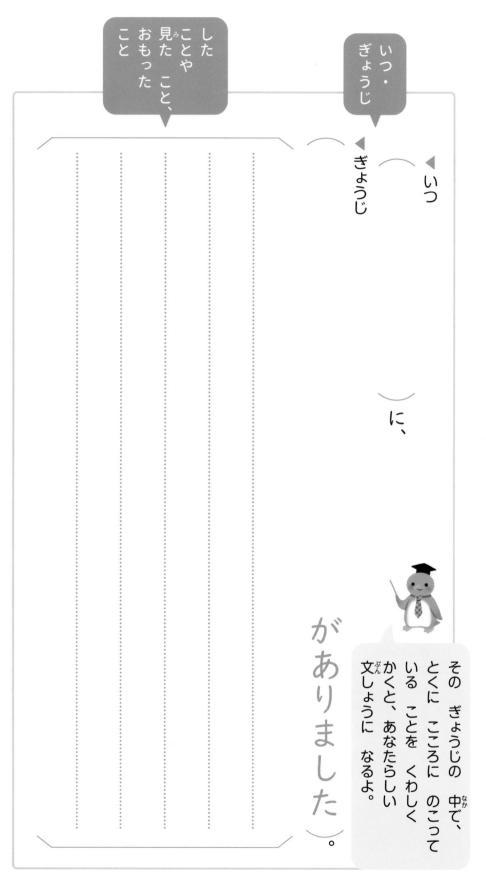

25 なつ休《やす》みの できごと ①

できごとを しらせる 文《ぶん》しょうの かきかた

なつ休《やす》みに した ことを、ともだちや 先生《せんせい》に
しらせる 文《ぶん》しょうを かきましょう。

◆はじめの 文《ぶん》に、した ことを かこう。

●どこで ●だれと ●なにを したか など

◆ようすを よく おもい出《だ》して かこう。

●した こと ●見《み》た こと ●きいた こと

●はなした こと ●おもった こと など

◆はなした ことには、かぎ(「 」)を つけよう。

れい

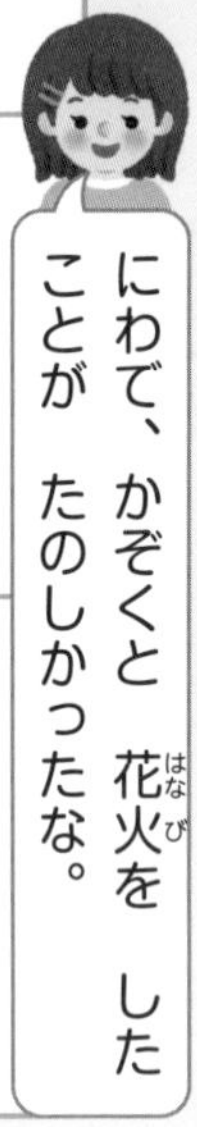
にわで、かぞくと 花火《はなび》を した
ことが たのしかったな。

バチバチ
わあっ! 大《おお》きな 音《おと》!
ながれぼし みたいだね。
もっと たくさん あそびたいな。

メモを つくる

1 上《うえ》の まんがを 見《み》て、〈みゆさんの メモ〉の （ ）に あう ことばを かきましょう。

〈みゆさんの メモ〉

●なつ休《やす》みに した こと

にわで かぞくと （ ）を した。

●その ときの ようす

かみなりの えの 花火《はなび》は、バチバチと
大《おお》きな （ ）が して、びっくりした。
きらきらした 火花《ひばな》を ながめながら、
おかあさんが、
「（ ）みたいだね。」
と いった。
さいごの 一本《いっぽん》が きえた とき、もっと
たくさん あそびたいなと おもった。

② まえの　ページの　〈みゆさんの　メモ〉を　見《み》て、〈みゆさんの　文《ぶん》しょう〉の（　）に　あう　ことばを　かきましょう。うすい　字《じ》は　なぞりましょう。

〈みゆさんの　文《ぶん》しょう〉

なつ休《やす》みに　した　こと

その　ときの　ようす
・した　こと
・見《み》た　こと
・きいた　こと
・はなした　こと
・おもった　こと　など

わたしは　なつ休《やす》みに、にわで　かぞくと（　　　　）を　しました。
かみなりの　えの　花火《はなび》は、（　　　　）と　大《おお》きな　音《おと》が　して、（びっくりしました）。
その　あと、きらきらした　火花《ひばな》を　ながめながら、おかあさんが、
「ながれぼしみたいだね。」
と　いいました。
さいごの　一本《いっぽん》が　きえた　とき、もっと（　　　　）あそびたいなと（おもいました）。

はなした　ことは　かぎ（「　」）に　入《い》れて　かこう。

26 なつ休《やす》みの できごと ②

あなたが なつ休《やす》みに した ことを、ともだちや 先生《せんせい》に しらせる 文《ぶん》しょうを かきましょう。

メモを つくる

なつ休《やす》みの できごとの 中《なか》で いちばん こころに のこって いる ことは なにかな? よく おもい出《だ》して かこう。

❶ あなたの 〈メモ〉を つくりましょう。

〈メモ〉

・どこで
・だれと
・なにを したか
などを かこう。

・した こと
・見《み》た こと
・きいた こと
・はなした こと
・おもった こと
などを かこう。

・なつ休《やす》みに した こと

・その ときの ようす

文《ぶん》しょうを　かく

❷ まえの　ページの　〈メモ〉を　見《み》て、文《ぶん》しょうを　かきましょう。
うすい　字《じ》は　なぞりましょう。

なつ休《やす》みに　した　こと

▶どちらかを ◯で　かこもう。

（ぼく・わたし）は

なつ休みに、

。

その　ときの　ようす

27

すきな 本《ほん》 ①

本《ほん》カードの つくりかた

あなたが すきな 本《ほん》を ともだちに しらせる
「本《ほん》カード」を つくりましょう。

かく こと

- 本《ほん》の だい名《めい》
- どんな 本《ほん》か（・だれが 出《で》て くるか ・どんな ことが かいて あるか など）
- おもしろい ところや すきな ところ

れい

「ヘンゼルと グレーテル」と いう 本《ほん》が すきなんだ！
ヘンゼルと いう おにいさんと、グレーテルと いう いもうとが 出《で》て くるよ。
おもしろかった ところは？
ふたりが、おかしの いえを 見《み》つけて、おかしを たべる ところ！

メモを つくる

① 上《うえ》の まんがを 見《み》て、〈ともさんの メモ〉の（　）に あう ことばを かきましょう。

〈ともさんの メモ〉

- 本《ほん》の だい名《めい》
  ヘンゼルと グレーテル
- どんな 本《ほん》か
  ヘンゼルと いう（　　　）と、
  グレーテルと いう（　　　）が
  出《で》て くる。
- おもしろい ところや すきな ところ
  ふたりが、
  （　　　）を
  見《み》つけて、おかしを たべる ところ。

本《ほん》カードを　つくる

2 まえの　ページの　〈ともさんの　メモ〉を　見《み》て、〈ともさんの　本《ほん》カード〉の □と（　）に　あう　ことばを　かきましょう。うすい　字《じ》は　なぞりましょう。

〈ともさんの　本《ほん》カード〉

本《ほん》の　だい名《めい》

どんな　本《ほん》か
・だれが　出《で》て　くるか
・どんな　ことが　かいて　あるか　など

おもしろい　ところや　すきな　ところ

□

ヘンゼルと　いう　おにいさんと、グレーテルと　いう（が出てきます）。
ふたりが、（　）を
見《み》つけて、（　）が
（おもしろいです）。

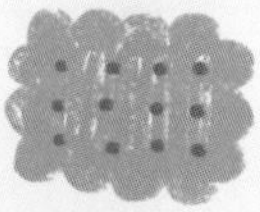
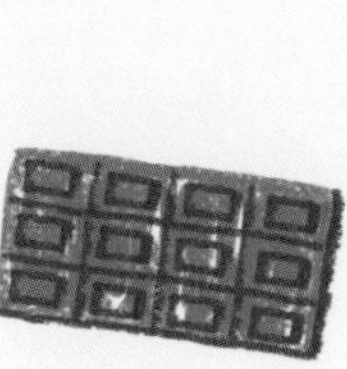

石田《いしだ》　とも

だれが　かいた　カードか　わかるように、さいごに　じぶんの　名《な》まえを　かくよ。

あいて　いる　ところに、おかしの　えを　かいたよ！

28 すきな 本《ほん》 ②

あなたが すきな 本《ほん》を ともだちに しらせる 「本《ほん》カード」を つくりましょう。

メモを つくる

あなたが すきな 本《ほん》や、おもしろかった 本《ほん》は なにかな？

- おはなしの 本《ほん》
- 生《い》きものの ことが かいて ある 本《ほん》
- えや しゃしんが たくさん ある 本《ほん》

など

❶ あなたの 〈メモ〉を つくりましょう。

〈メモ〉

・だれが 出《で》て くるか ・どんな ことが かいて あるか などを かこう。

とくに 気《き》に 入《い》って いる ところを 一《ひと》つ かこう。

- 本《ほん》の だい名《めい》
- どんな 本《ほん》か
- おもしろい ところや すきな ところ

2 まえの　ページの　〈メモ〉を　見《み》て、本《ほん》カードを　つくりましょう。

本《ほん》の　だい名《めい》

どんな　本《ほん》か
・「〜が　出《で》て　きます。」
・「〜の　ことが　かいて　あります。」
と　いう
いいかたで
かいて　みよう。

おもしろい
ところや
すきな
ところ

じぶんの　名《な》まえを
かこう。

あいて　いる　ところに
えを　かいても　いいよ。
たのしい　本《ほん》カードに
なるね。

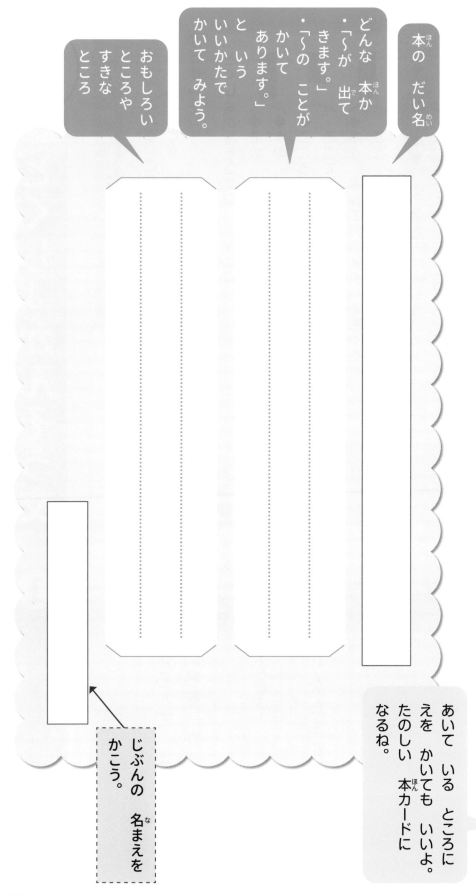

29 どくしょかんそう文《ぶん》 ①

どくしょかんそう文《ぶん》の　かきかた

本《ほん》を　よんで、こころに　のこった　ところや、おもった　ことを　つたえる　文《ぶん》しょうを　かきましょう。

どくしょかんそう文《ぶん》の　くみ立《た》て

はじめ（◆その　本《ほん》を　よんだ　わけ　◆本《ほん》の　せつめい）

なか（◆こころに　のこった　ところと、そこで　おもった　こと）

おわり（◆本《ほん》を　よんで、つよく　おもった　こと）

① すきな　本《ほん》を　えらんで、よもう。よみながら、こころに　のこった　ところに、かみなどを　はさんで　おこう。

② **はじめ**・**なか**・**おわり**に　かく　ことを　かんがえて、メモを　つくろう。

③ メモを　もとに　して、文《ぶん》しょうを　かこう。

メモを　つくる

① すきな　本《ほん》を　えらんで　よみましょう。よんだ　本《ほん》の　だい名《めい》を　かきましょう。

〈みゆさんの　メモ〉

わたしは、この　本《ほん》を　よんだよ！

〈おしゃべりなたまごやき〉

『おしゃべりなたまごやき』寺村輝夫《てらむらてるお》作《さく》、長新太《ちょうしんた》絵《え》（福音館書店《ふくいんかんしょてん》）

〈あなたの　メモ〉

〈　　　　〉

まよったら、すきな　どうぶつや　たべものが　出《で》て　くる　本《ほん》、だい名《めい》や　えを　見《み》て、おもしろそうだなと　おもった　本《ほん》などを　えらぶと　いいよ。

② **はじめ**に かく ことを かんがえて かきましょう。

◆その 本《ほん》を よんだ わけ
◆本《ほん》の せつめい
●なにが 出《で》て くるか・どんな おはなしか
●どんな ことが かいて あるか など

◎**「わけ」と 「せつめい」の どちらか 一《ひと》つを かいても、りょうほう かいても いいよ。**

〈みゆさんの メモ〉

はじめ

わたしは、本《ほん》を よんだ わけを かく ことに したよ。

おもしろい だい名《めい》だったから。

〈あなたの メモ〉

はじめ

---

③ **なか**に かく ことを かんがえて かきましょう。

◆こころに のこった ところと、そこで おもった こと
●おもしろかった ところ
●おどろいた ところ・わらった ところ
●かなしく なった ところ など

なかを いちばん ながく かくよ。こころに のこった ところを 二《ふた》つ かんがえよう。〈みゆさんの メモ〉を 見《み》てから、つぎの ページで あなたも かいて みよう。

〈みゆさんの メモ〉

なか①

●こころに のこった ところ
王《おう》さまが 「あそぶのが、いちばん たのしいな。」と いう ところ。
●そこで おもった こと
わたしと おなじだ。王《おう》さまが 大《だい》すきに なった。

なか②

●こころに のこった ところ
めだまやきの きみから、王《おう》さまの こえが きこえて くる ところ。
●そこで おもった こと
王《おう》さまは、すごく びっくりしただろうなあ。

30 どくしょかんそう文《ぶん》②

（61ページ③の　つづき）

〈あなたの　メモ〉

・こころに　のこった　ところ

なか①

・そこで　おもった　こと

・こころに　のこった　ところ

なか②

・そこで　おもった　こと

④ **おわり**に　かく　ことを　かんがえて　かきましょう。

◆本《ほん》を　よんで、つよく　おもった　こと

・本《ほん》　ぜんたいや、とうじょう人《じん》ぶつに　ついて　おもった　こと。

・これから　して　みたいと　おもった　こと。　など

〈みゆさんの　メモ〉

おわり

王《おう》さまは、王《おう》さまなのに、子《こ》どもみたい。王《おう》さまと、ともだちになりたい。

〈あなたの　メモ〉

おわり

5 〈みゆさんの　どくしょかんそう文《ぶん》〉を　よみましょう。

うすい　字《じ》は　なぞりましょう。

〈みゆさんの　どくしょかんそう文《ぶん》〉

はじめ（メモは　60・61ページ）

●わたしは、「おしゃべりなたまごやき」と　いう　本《ほん》を　よみました。おもしろい　だい名《めい》だったから、よんで　みようと　おもいました。

なか①（メモは　61ページ）

●（おもしろかったところは）、王《おう》さまが　あさの　べんきょうの　あと、（「あそぶのが、いちばんたのしいな。」）と　いう　ところです。わたしと　おなじだと　おもいました。王《おう》さまが　大《だい》すきに　なりました。

なか②（メモは　61ページ）

●（ほかに）、めだまやきの　きみから、王《おう》さまの　こえが　きこえて　くる　ところも　おもしろかったです。王《おう》さまは、すごく　びっくりしただろうなあと　おもいました。

おわり（メモは　62ページ）

●この　おはなしの　王《おう》さまは、王《おう》さまなのに　子《こ》どもみたいだなと　おもいました。王《おう》さまと、ともだちに　なりたいです。

本《ほん》の　だい名《めい》には　「　」を　つけるよ。

みゆさんは、〈メモ〉を　どのような　文《ぶん》しょうに　したのかな？

文《ぶん》しょうの　いちばん　はじめや、文《ぶん》しょうの　まとまりの　はじめは、一字《いちじ》（一《ひと》ます）下《さ》げる。

本《ほん》に　かいて　ある　ことを　そのまま　かく　ときは、「　」を　つける。

つぎの　ページで、あなたも　どくしょかんそう文《ぶん》を　かこう！

31 どくしょかんそう文《ぶん》③

❶ 60ページから　62ページの　〈あなたの　メモ〉を　見《み》て、どくしょかんそう文《ぶん》を　かきましょう。

〈あなたの　どくしょかんそう文《ぶん》〉

▼どちらかを　◯で　かこもう。

（ぼく・わたし）は、「（　　　　）」と　いう　本《ほん》を　よみました。

はじめ（メモは　60・61ページ）→ **なか①**（メモは　62ページ）

なか①を　かく　ときは、**はじめ**と　ぎょうを　かえて、一字《いちじ》　下《さ》げて　かこう。

なか②
（メモは 62ページ）

なか②を　かく
ときは、
なか①と
ぎょうを
かえて、一字《いちじ》
下《さ》げて　かこう。

おわり
（メモは 62ページ）

おわりを　かく
ときは、
なか②と
ぎょうを
かえて、一字《いちじ》
下《さ》げて　かこう。

学校《がっこう》などで　どくしょかんそう文《ぶん》を　かく　ときは、ます目《め》の　ある　げんこうようしを　つかうよ。さいしょに　だい名《めい》と　じぶんの　名《な》まえを　かくよ。96ページの「げんこうようしの　つかいかた」で、かきかたを　たしかめよう。

32 手《て》がみを かく ①

手《て》がみの かきかた

みぢかな 人《ひと》に 手《て》がみを かきましょう。

◆手《て》がみを かく あい手《て》を きめよう。

◆つたえたい ことを かんがえよう。

・おれいを いいたい こと ・うれしかった こと

・おしえて ほしい こと など

◆あい手《て》の 名《な》まえと じぶんの 名《な》まえを かこう。

れい

①
あいこおばさんに 手《て》がみを かきたいな。
②
つたえたい ことは?
パズルを プレゼントして くれたから、おれいを いいたいんだ!
③
パズルは、とっても おもしろいんだよ。まい日《にち》、ねる まえに あそんで いるよ。
④
あいこおばさんと いっしょに パズルで あそびたいな!

メモを つくる

1 上《うえ》の まんがを 見《み》て、〈ともさんの メモ〉の （　）に あう ことばを かきましょう。

〈ともさんの メモ〉

・手《て》がみを かく あい手《て》

あいこおばさん

・つたえたい こと

・パズルを （　　）して くれて ありがとう。

・とても おもしろくて、まい日《にち》 （　　）に あそんで いる。

・あいこおばさんと （　　）に パズルで あそびたい。

2 まえの ページの〈ともさんの メモ〉を 見《み》て、〈ともさんの 手《て》がみ〉の（　）に あう ことばを かきましょう。うすい 字《じ》は なぞりましょう。

〈ともさんの 手《て》がみ〉

あい手《て》の 名《な》まえ

あいこおばさん

つたえたい こと

この まえ、（　　　　）を プレゼントして
くれて、（ありがとうございました）。
とても おもしろくて、まい日《にち》 ねる まえに
（あそんでいます）。
こんどは、あいこおばさんと（　　　　）
パズルで（あそびたいです）。

じぶんの 名《な》まえ

石《いし》田《だ》 とも

手《て》がみを かいたら、まちがえて いる ところが ないか、たしかめよう。

早《はや》く あいこおばさんに よんで もらいたいな！

33

手《て》がみを かく ②

みぢかな 人《ひと》に 手《て》がみを かきましょう。

メモを つくる

あなたは、だれに なにを つたえたいかな？ ともだちや かぞく、先生《せんせい》など、みぢかな 人《ひと》の 中《なか》から ひとり きめよう。

❶ あなたの 〈メモ〉を つくりましょう。

〈メモ〉

・手《て》がみを かく あい手《て》

（　　　　）

・つたえたい こと

（　　　　）

・おれいを いいたい こと
・うれしかった こと
・おしえて ほしい こと
などを かこう。

② まえの　ページの　〈メモ〉を　見《み》て、手《て》がみを　かきましょう。

あい手《て》の名《な》まえ

つたえたいこと

じぶんの名《な》まえ

手《て》がみを　かく　ときは、
あい手《て》の　ことを
おもいうかべながら、
ていねいに　かく
ことが　たいせつだよ。

かんさつした ことを しらせる 文《ぶん》しょうの かきかた

みの まわりの 生《い》きものや 花《はな》、木《き》などを よく 見《み》て、気《き》が ついた ことを しらせる 文《ぶん》しょうを かきましょう。

◆かんさつする ものを よく 見《み》て、
●かたち ●いろ ●大《おお》きさ
●さわった かんじ ●うごき
●音《おと》 ●におい
など、気《き》が ついた ことを メモに かこう。

◆文《ぶん》しょうを かく ときは、
●いろは、～です。 ●大《おお》きさは、～です。
●さわると、～です。 ●～が、あります。
など、なにを つたえて いるか、よく わかるように かこう。

わたしは、いえで かって いる、かぶと虫《むし》を かんさつするよ！

メモを つくる

1 〈みゆさんの メモ〉の（　　）に あう ことばを、□から えらんで かきましょう。

つの　かたい　こげちゃいろ

〈みゆさんの メモ〉

●かんさつした もの
いえで かって いる かぶと虫《むし》

●気《き》が ついた こと
・いろは、（　　）。
・さわると、（　　）。つるつるして いる。
・大《おお》きな（　　）が ある。先《さき》が 二《ふた》つに わかれて いる。

●おもった こと
つのが、つよそうで かっこいい。

文《ぶん》しょうを　かく

❷　まえの　ページの　〈みゆさんの　メモ〉を　見《み》て、〈みゆさんの　文《ぶん》しょう〉の（　）に　あう　ことばを　かきましょう。うすい　字《じ》は　なぞりましょう。

〈みゆさんの　文《ぶん》しょう〉

かんさつ　した　もの

気《き》が　ついた　こと

わたしは、
・いろ
・さわった　かんじ
・かたち（つの）
を　かいたよ。

おもった　こと

わたしは、いえで　かって　いる（　　　　）を
（かんさつしました）。
（いろは、　　　　です）。
（さわると、かたくて、）つるつるして　います。
大《おお》きな　つのが　あって、つのの　先《さき》が　二《ふた》つに
（わかれています）。
つのが、（　　　　）で　かっこいいです。

気《き》が　ついた　ことを、
じゅんばんに
わかりやすく
かいて　いるね！

かんさつした こと ②

みの まわりの 生《い》きものや 花《はな》、木《き》などを よく 見《み》て、気《き》が ついた ことを しらせる 文《ぶん》しょうを かきましょう。

メモを つくる

かんさつしながら えを かくと、いろいろな ことに 気《き》が つくよ。

① あなたの 〈メモ〉を つくりましょう。

〈メモ〉

・かんさつした もの

▶かんさつした ものの えを かこう。

・気《き》が ついた こと

・かたち ・いろ ・大《おお》きさ ・さわった かんじ ・うごき ・音《おと》 ・におい などを かこう。

・おもった こと

文《ぶん》しょうを　かく

❷ まえの　ページの　〈メモ〉を　見《み》て、文《ぶん》しょうを　かきましょう。
うすい　字《じ》は　なぞりましょう。

かきおわったら、まちがえて　いる　ところが　ないか、よんで　たしかめよう。

かんさつ　した　もの

▼どちらかを　⬭で　かこもう。

（ぼく・わたし）は、（　　　　　　　　を
かんさつしました）。

気《き》が　ついた　こと

おもった　こと

36 人《ひと》に きいた こと ①

きいた ことを しらせる 文《ぶん》しょうの かきかた

みぢかな 人《ひと》に はなしを きいて、文《ぶん》しょうを かきましょう。

◆だれに なにを きくか きめよう。

きく こと

① いま、いちばん いきたい ところ
② いきたい わけ

◆人《ひと》から きいた ことは、「～そうです。」と いう いいかたで かこう。

れい

おかあさんが、いま、いちばん いきたい ところは、どこですか。
ふじ山《さん》の ちょう上《じょう》です。
それは、どうして ですか。
日本一《にほんいち》 たかい ところの 空気《くうき》が、どんな あじか しりたい からです。
その 空気《くうき》を ふくろに 入《い》れて きて ほしいな。
ありがとう ございました。

メモを つくる

① 上《うえ》の まんがを 見《み》て、〈ともさんの メモ〉の （　）に あう ことばを かきましょう。

〈ともさんの メモ〉

・はなしを きいた 人《ひと》 おかあさん

・きいた こと

① いま、いちばん いきたい ところ
（　　　）の ちょう上《じょう》。

② その わけ
日本一《にほんいち》 たかい ところの （　　　）が、
どんな あじか （　　　）から。

・おもった こと

その 空気《くうき》を、ふくろに （　　　）きて ほしいな。

文《ぶん》しょうを　かく

② まえの　ページの　〈ともさんの　メモ〉を　見《み》て、〈ともさんの　文《ぶん》しょう〉の（　　）に　あう　ことばを　かきましょう。うすい　字《じ》は　なぞりましょう。

〈ともさんの　文《ぶん》しょう〉

はなしを　きいた　人《ひと》

おかあさんが、いま、いちばん　いきたい　ところは、ふじ山《さん》の

きいた　こと①

（ちょう上だそうです）。

きいた　こと②

（どうしてかというと、）日本一《にほんいち》　たかい　ところの　空気《くうき》が、どんな　あじか

「わけ」は、「どうしてかと　いうと、〜から」と　いう　いいかたで　かこう。

（しりたいからだそうです）。

人《ひと》から　きいた　ことは、「〜そうです。」と　かこう。

おもった　こと

ぼくは、おかあさんの　はなしを　きいて、その　空気《くうき》を　ふくろに（　　　　）と　おもいました。

しらなかった　ことばかりだったよ。はなしを　きけて、おもしろかったな！

37 人《ひと》に きいた こと ②

みぢかな 人《ひと》に、「いま、いちばん いきたい ところ」を きいて、わかった ことを しらせる 文《ぶん》しょうを かきましょう。

メモを つくる

あなたは、だれに はなしを ききたいかな? きく ことを しっかり たしかめてから、はなしを ききに いこう!

❶ あなたの 〈メモ〉を つくりましょう。

〈メモ〉

・はなしを きいた 人《ひと》

・きいた こと

① いま、いちばん いきたい ところ

② その わけ

・おもった こと

・たのしそう
・じぶんも いきたい
・おどろいた
・もっと しりたい
など、おもった ことを かこう。

2　まえの　ページの　〈メモ〉を　見《み》て、文《ぶん》しょうを　かきましょう。
うすい　字《じ》は　なぞりましょう。

人《ひと》から　きいた　ことと、じぶんが　おもった　ことが、わかりやすく　なるね。

はなしを　きいた　人《ひと》

（　　　）が、いま、いちばん　いきたい　ところは、

きいた　こと①

（　　　だそうです）。

きいた　こと②

（どうしてかと　いうと、

　　　　だそうです）。

「どうしてかと　いうと、～から」と　いう　いいかたで　かこう。

（ぼく・わたし）は、（　　　）の　はなしを　きいて、

▶どちらかを　（　）で　かこもう。

▶はなしを　きいた　人《ひと》

おもった　こと

（　　　とおもいました）。

38 本《ほん》で しらべた こと ①

本《ほん》で しらべた ことを つたえる 文《ぶん》しょうの かきかた

しりたい ことを 本《ほん》で しらべて、わかった ことを つたえる 文《ぶん》しょうを かきましょう。

① しりたい ことを 一《ひと》つ きめよう。

生《い》きものや たべもの、花《はな》や 木《き》などに ついて、「どうして？」「ふしぎだな。」と おもっている ことから、一《ひと》つ えらぼう。

② しりたい ことが かいて ありそうな 本《ほん》を えらんで、よもう。

本《ほん》の だい名《めい》や もくじを 見《み》ると、どんな ことが かいて あるか、だいたい わかるよ。

③ 本《ほん》を よんで わかった ことを メモに かこう。

しらべて おもった ことも かいて おこう。

- おどろいた。
- つぎは、○○を しらべて みたい。
- わかって よかった。

など

④ メモを もとに 文《ぶん》しょうを かこう。

じぶんが おもった ことは、「〜と おもいました。」、しらべて わかった ことは「〜と いう ことが わかりました。」「〜と かいて ありました。」などと かこう。

れい

①
とうもろこしの ひげみたいな ものって なんなのかな？
②
「よく わかる とうもろこし」。この 本《ほん》を よんで みよう！
③
ひげみたいな ものは、めしべで、ひげの かずと つぶの かずは、おなじなんだ！
④
ほんとうに おなじ かずか、たしかめて みたいな。

メモを　つくる

1 まえの　ページの　まんがを　見《み》て、〈みゆさんの　メモ〉の（　）に　あう　ことばを　かきましょう。

〈みゆさんの　メモ〉

・しりたい　こと
とうもろこしの（　）みたいな　ものは　なんなのか。
・よんだ　本《ほん》の　だい名《めい》
「よく　わかる　とうもろこし」
・わかった　こと
ひげみたいな　ものは、（　）で、ひげの　かずと　つぶの　かずは、（　）だと　いう　こと。
・おもった　こと
ほんとうに　おなじ　かずか、たしかめて　みたい。

文《ぶん》しょうを　かく

2 上《うえ》の　〈みゆさんの　メモ〉を　見《み》て、〈みゆさんの　文《ぶん》しょう〉の（　）に　あう　ことばを　かきましょう。うすい　字《じ》は　なぞりましょう。

〈みゆさんの　文《ぶん》しょう〉

わたしは、とうもろこしの　ひげみたいな　ものは　なんなのか、（しりたいとおもいました）。
「よく　わかる　とうもろこし」と　いう　本《ほん》で　しらべたら、ひげみたいな　ものは、めしべで、ひげの　かずと　つぶの　かずは（おなじ）だと　いう　ことが（わかりました）。
わたしは、ほんとうに　おなじ　かずか、たしかめて　みたいと　おもいました。

本《ほん》の　だい名《めい》には、「　」を　つけるよ。

本《ほん》で しらべた こと ②

あなたが しりたい ことを 本《ほん》で しらべて、わかった ことを つたえる 文《ぶん》しょうを かきましょう。

メモを つくる

あなたが、「どうして?」「ふしぎだな。」と おもって いる ことは、なにかな?

① あなたの 〈メモ〉を つくりましょう。

〈メモ〉

・しりたい こと

・よんだ 本《ほん》の だい名《めい》
「　　」

・わかった こと

・おもった こと

・おどろいた。
・つぎは、○○の ことを しらべて みたい。
・わかって よかった。
など、おもった ことを かこう。

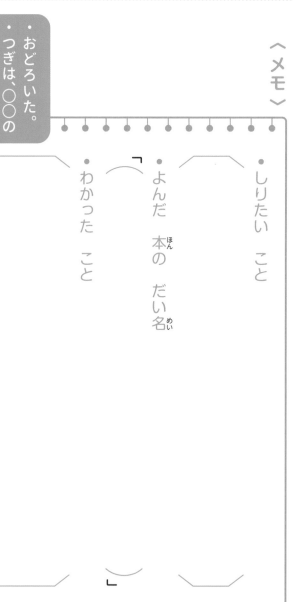

文《ぶん》しょうを　かく

2 まえの　ページの　〈メモ〉を　見《み》て、文《ぶん》しょうを　かきましょう。うすい　字《じ》は　なぞりましょう。

▲どちらかを（　）で　かこもう。

しりたい　こと

（ぼく・わたし）は、しりたいとおもいました。

よんだ　本《ほん》の　だい名《めい》

「」を　つけて　かこう。

（　　　　）と　いう　本《ほん》で　しらべたら、

わかった　こと

わかりました。

おもった　こと

。

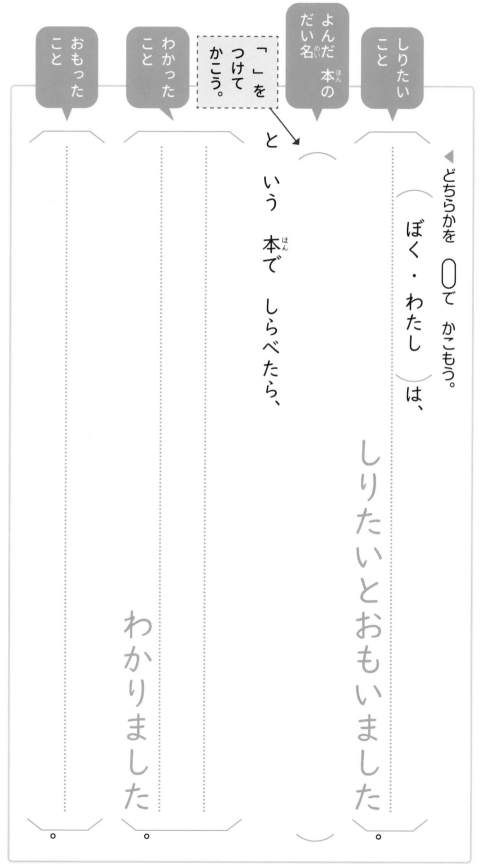

40 おはなしを つくる ①

おはなしの つくりかた

えを 見《み》て、□に 入《はい》る ことばを かんがえて、おはなしを つくりましょう。

◆とうじょう人《じん》ぶつが した ことや いった ことを かんがえよう。

とうじょう人《じん》ぶつ
おはなしに 出《で》て くる 人《ひと》や どうぶつの こと。

◆①→②→③と、おはなしが つながるように かんがえよう。

①

森《もり》の 中《なか》で、□が
おにぎりを たべて いました。
すると、そこに くまの
□が やって きました。
□は、りんごを たくさん
もって いました。

②

□は、
「□。」

と いいました。それを
きいて、□は、

「□。」

と いいました。

③

？

ふたりは、
□

1 ①に　出《で》て　くる、とうじょう人《じん》ぶつの　名《な》まえを　かんがえて、（　　）に　かきましょう。

〈みゆさんの　れい〉

おにぎりを　たべて　いた　男《おとこ》の子《こ》

（なおきくん）

りんごを　もって　やって　きた　くま

（ももちゃん）

〈あなたが　かんがえた　名《な》まえ〉

おにぎりを　たべて　いた　男《おとこ》の子《こ》

（　　　　）

りんごを　もって　やって　きた　くま

（　　　　）

あなたの　すきな　名《な》まえを　かんがえよう。

2 ②で　ふたりが　いった　ことを　かんがえて、□に　かきましょう。

〈みゆさんの　れい〉

おいしそうな　りんごだね。

いっしょに　たべよう。

〈あなたが　かんがえた　ことば〉

男《おとこ》の子《こ》は、くまに　なんと　はなしかけて　いるかな？　ようすを　おもいうかべて　みよう。

41 おはなしを つくる ②

（83ページの つづき）

3 ③で ふたりが した ことを
かんがえて、〔　　〕に かきましょう。

〈みゆさんの れい〉

ふたりは、いっしょに
りんごを たべた。

②で ふたりが いった ことと
つながるように、かんがえて みよう。

〈あなたが かんがえた こと〉

ふたりは、

メモを つくる

〈みゆさんの メモ〉

①
・おにぎりを たべて いた 男《おとこ》の子《こ》 …なおきくん
・りんごを もって やって きた くま …ももちゃん

②
・男《おとこ》の子《こ》が いった こと
「おいしそうな りんごだね。」
・くまが いった こと
「いっしょに たべよう。」

③
・ふたりが した こと
ふたりは、いっしょに
りんごを たべた。

メモを つくったら、①・②・③が
つながって いるか、たしかめよう。

4 まえの ページの〈みゆさんの メモ〉を 見《み》て、〈みゆさんの おはなし〉の
（　）に あう ことばを かきましょう。うすい 字《じ》は なぞりましょう。

〈みゆさんの おはなし〉

①

森《もり》の 中《なか》で、（　　　　）が おにぎりを たべて いました。
すると、そこに くまの ももちゃんが やって きました。
ももちゃんは、りんごを たくさん もって いました。

②

なおきくんは、
（「おいしそうなりんごだね。」）
と いいました。それを きいて、ももちゃんは、
（「いっしょにたべよう。」）
と いいました。

いった ことには、「」を つけるよ。

③

ふたりは、いっしょに りんごを
（たべました）。

すごい！
おはなしが
つくれたね。

メモを つくったから、
すらすら かけたよ！

つぎの ページで、あなたも
〈メモ〉を つくって、
おはなしを かくよ！

42 おはなしを つくる ③

メモを つくる

❶ 83・84ページで あなたが かいた ことを 見《み》て、〈あなたの メモ〉を つくりましょう。

〈あなたの メモ〉

①
・おにぎりを たべて いた 男《おとこ》の子《こ》…（　　　）
・りんごを もって やって きた くま…（　　　）

83ページの❶を 見《み》よう。

②
・男《おとこ》の子《こ》が いった こと「（　　　）」
・くまが いった こと「（　　　）」

83ページの❷を 見《み》よう。

③
・ふたりが した こと
ふたりは、

84ページの❸を 見《み》よう。

①・②・③が つながって いるか、たしかめよう。

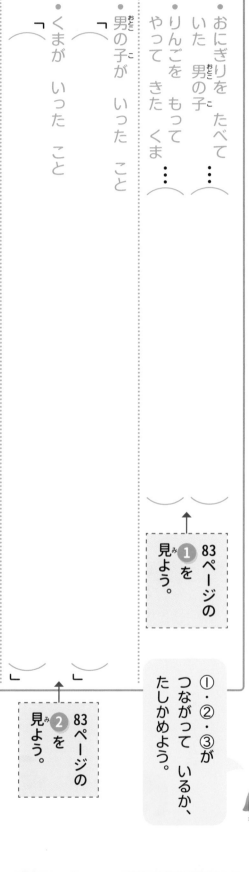

2 まえの　ページの　〈あなたの　メモ〉を　見《み》て、おはなしを　かきましょう。うすい　字《じ》は　なぞりましょう。

①

森《もり》の　中《なか》で、（　　　）が　おにぎりを　たべて　いました。

すると、そこに　くまの　（　　　）が　やって　きました。

（　　　）は、りんごを　たくさん　もって　いました。

②

「　」を　つけて　かこう。

（　　　）は、「　　　」と　いいました。それを　きいて、（　　　）は、（　　　）と　いいました。

③

ふたりは、

43 一《いち》年《ねん》かんの おもい出《で》 ①

できごとを つたえる 文《ぶん》しょうの かきかた

一年《いちねん》かんの おもい出《で》の 中《なか》で、いちばん こころに のこって いる ことを つたえる 文《ぶん》しょうを かきましょう。

◆いちばん （たのしかった こと／がんばった こと／うれしかった こと／おどろいた こと） など、

つたえたい ことを 一《ひと》つ きめよう。

その ときに した ことや おもった ことを おもい出《だ》して、じゅんじょ よく かこう。

れい

プールの じゅぎょうが たのしかったな！
はじめは……。
どきどき するなあ。
だんだん たのしく なったよ！
石《いし》とりや おにごっこも やったな。
プールの じゅぎょう、大《だい》すき！

メモを つくる

❶ 上《うえ》の まんがを 見《み》て、〈ともさんの メモ〉の （　）に あう ことばを かきましょう。

〈ともさんの メモ〉

- つたえたい おもい出《で》
  いちばん たのしかった こと。
  （　　　　）の じゅぎょう
- した ことや おもった こと
- はじめは すこし （　　　　）した。
- みんなで 水《みず》を かけたり もぐったり して いたら、だんだん たのしく なった。
- 石《いし》とりや （　　　　）も した。
- プールの じゅぎょうが 大《だい》すきに なった。
- いま おもって いる こと
  二年生《にねんせい》でも、プールの じゅぎょうが たくさん あると いいな。

② まえの　ページの　〈ともさんの　メモ〉を　見《み》て、〈ともさんの　文《ぶん》しょう〉の（　）に　あう　ことばを　かきましょう。うすい　字《じ》は　なぞりましょう。

〈ともさんの　文《ぶん》しょう〉

ぼくが　一年《いちねん》かんで　いちばん（たのしかったこと）は、
（プールのじゅぎょうです）。
はじめは、すこし　どきどきしました。でも、みんなで　水《みず》を　かけたり
（　　　）して　いたら、だんだん　たのしく
なりました。（　　　）や　おにごっこも　しました。
ぼくは　プールの　じゅぎょうが（　　　）に　なりました。
二年生《にねんせい》でも、プールの　じゅぎょうが
（たくさんあるといいなとおもいます）。

じゅんじょ　よく　かこう。

つたえたい　おもい出《で》

した　ことや　おもった　こと

いま　おもって　いる　こと　おもい出《だ》しながら　かんがえた　ことを　かこう。
・「また　○○したい。」
・「○○して　よかった。」など

とっても　たのしかったんだね。よく　わかったよ！

一《いち》年《ねん》かんの おもい出《で》 ②

あなたの 一年《いちねん》かんの おもい出《で》の
中《なか》で、いちばん こころに
のこって いる ことを つたえる
文《ぶん》しょうを かきましょう。

メモを つくる

いちばん

- たのしかった こと
- がんばった こと
- うれしかった こと
- おどろいた こと

など

いちばんの おもい出《で》は、なにかな?
よく おもい出《だ》して みよう。

---

1 あなたの 〈メモ〉を つくりましょう。

〈メモ〉

・つたえたい おもい出《で》

いちばん（　　　　　　　　）こと。

・した ことや おもった こと

できごとを よく おもい出《だ》して、じゅんばんに かこう。

（　　　　　　　　）

・いま おもって いる こと

おもい出《だ》しながら かんがえた ことを かこう。
・「また ○○したい。」
・「○○して よかった。」
など

（　　　　　　　　）

❷ まえの　ページの　〈メモ〉を　見《み》て、文《ぶん》しょうを　かきましょう。

▼どちらかを ◯で　かこもう。

（ぼく・わたし）が　一年《いちねん》かんで　いちばん（　　　　）ことは、（　　　　）です。

つたえたい　おもい出《で》

した　ことや　おもった　こと

いま　おもって　いる　こと

45 二年生《にねんせい》に なったら したい こと①

したい ことを つたえる 文《ぶん》しょうの かきかた

二年生《にねんせい》に なったら したい ことを つたえる
文《ぶん》しょうを かきましょう。

かく こと

●やって みたい こと ●がんばりたい こと
●つづけたい こと ●いきたい ところ など

◆したい わけは、「どうしてかと いうと、
〜からです。」と いう いいかたで かこう。

れい

二年生《にねんせい》に なったら、一《いち》りん車《しゃ》に のれるように なりたいな！
どうして、そう おもったのかな？
いとこの りかちゃんが、一《いち》りん車《しゃ》に のって いるのを 見《み》て、たのしそうだなと おもったからだよ。
りかちゃんに のりかたを おしえて もらって、おなじぐらい じょうずに のれるように なったら いいな。

メモを つくる

① 上《うえ》の まんがを 見《み》て、〈みゆさんの メモ〉の（　）に あう ことばを かきましょう。

〈みゆさんの メモ〉

・したい こと
（　　　　）に のれるように なりたい。

・したい わけ
いとこの りかちゃんが、一《いち》りん車《しゃ》に のって いるのを 見《み》て、（　　　　）だなと おもったから。

・いま おもって いる こと
りかちゃんに（　　　　）を おしえて もらって、おなじぐらい じょうずに のれるように なったら いいな。

2 まえの　ページの　〈みゆさんの　メモ〉を　見《み》て、〈みゆさんの　文《ぶん》しょう〉の
（　）に　あう　ことばを　かきましょう。うすい　字《じ》は　なぞりましょう。

〈みゆさんの　文《ぶん》しょう〉

したい　こと

したい　わけ

いま　おもって　いる　こと
・どんなふうに　したいか
・それを　すると　どう　なると　おもうか
・いまから　どんな　じゅんびを　するか　など

わたしは、二年生《にねんせい》に　なったら、（一りん車にのれるようになりたいです）。
（どうしてかというと）、いとこの　りかちゃんが
一《いち》りん車《しゃ》に（　）のを　見《み》て、たのしそうだなと
（おもったからです）。
りかちゃんに　のりかたを　おしえて　もらって、おなじぐらい
（　）に　のれるように　なったら　いいなと
（おもいます）。

みゆさんの　かんがえて　いる　ことが、とても　よく　わかったよ！

46

二年生《にねんせい》に なったら したい こと②

あなたが 二年生《にねんせい》に なったら したい ことを つたえる 文《ぶん》しょうを かきましょう。

メモを つくる

- やって みたい こと
- がんばりたい こと
- つづけたい こと
- いきたい ところ
- よんで みたい 本《ほん》 など

二年生《にねんせい》に なった じぶんを おもいうかべて みよう。

❶ あなたの 〈メモ〉を つくりましょう。

〈メモ〉

- したい こと
- したい わけ
- いま おもって いる こと

- どんなふうに したいか
- それを すると どう なると おもうか
- いまから どんな じゅんびを するか

などを かこう。

小学1年生

作《さく》文《ぶん》・表《ひょう》現《げん》にぐーんと強《つよ》くなる

別《べっ》冊《さつ》 解《かい》答《とう》例《れい》

- (れい)は, さく文《ぶん》の　お手本《てほん》を　しめして　います。もんだい文《ぶん》の　しじに　したがって　かけていたら ○を　つけて　ください。
- かきかたに　まよった　ときは, お手本と　かいせつを　よく　よんで, じぶんの　さく文を　かく　ヒントに　しましょう。まねして　かいて　みても　よいでしょう。

おうちの方へ

本書は, 教科書や学校の宿題等でよく出る作文テーマごとに, 書きたい内容を考えて, 言葉や文を書き出して作文メモを作り, メモをもとに文章を書く練習を進めていきます。各回の問題文の指示や, まとめコーナーで学んだ作文の組み立てにそって書けていたら, ○をつけてあげてください。

4・5ページ

1 じぶんの こと ①

じこしょうかいの 文《ぶん》しょうの かきかた

ともだちに、じぶんの ことを しって もらう ための 文《ぶん》しょうを かきましょう。

ふたりが すきな ものは、なにかな？
わたしは、ねこが すきだよ。
みゆさん
ぼくは、でん車が 大すきだよ！

1 みゆさんの ことばを よんで こたえましょう。

わたしは、ねこが すきだよ。まんまるの 目が、かわいいからだよ。（みゆさん）

(1) みゆさんが すきな ものは なんでしょう。（ ）に ○を つけましょう。

（ ）うさぎ （○）ねこ （ ）でん車《しゃ》

(2) すきな わけは なんでしょう。（ ）に あう ことばを かきましょう。

まんまるの（目）が、かわいいから。

「わたしは、ねこが すきだよ。」と はなして いるね。

「まんまるの 目《め》が、かわいいからだよ。」と はなして いるね。

2 メモを つくる

まえの ページの **1** を 見《み》て、〈みゆさんの メモ〉の（ ）に あう ことばを かきましょう。

〈みゆさんの メモ〉

- 名《な》まえ　川口《かわぐち》みゆ
- すきな もの・こと　（ねこ）
- すきな わけ　まんまるの（目）が、（かわいい）から。

こんなふうに、メモを つくって かく ことを きめて おくと、文《ぶん》しょうが かきやすいよ。

3 文《ぶん》しょうを かく

上《うえ》の〈みゆさんの メモ〉を 見《み》て、〈みゆさんの 文《ぶん》しょう〉の（ ）に あう ことばを かきましょう。うすい 字《じ》は なぞりましょう。

〈みゆさんの 文《ぶん》しょう〉

わたしの（名まえ）は、川口《かわぐち》みゆです。わたしは、（ねこ）が すきです。まんまるの（目が、かわいい からです）。

わけを かく ときは、「〜からです。」と いう いいかたで かこう。

「わたしの 名《な》まえは、○○です。」と かくと、わかりやすく なるね。

6・7ページ

2 じぶんの こと ②

メモを つくる

ともだちに、じぶんの ことを しって もらう ための 文《ぶん》しょうを かきましょう。

あなたが すきな ものや すきな ことは、なにかな？ どうして すきなのかな？ かんがえて、メモに かこう。

1 あなたの 〈メモ〉を つくりましょう。

〈メモ〉（れい）

- 名《な》まえ　（林ゆうた）
- すきな もの・こと　（サッカー）
- すきな わけ　（シュートを するのが たのしい）から。

生《い》きものや たべもの、あそび、ばしょなど、あなたが すきな ものを、じゆうに かこう。

どうして すきか、どんな ところが すきかを かんがえて、「〜から。」に つながるように かこう。

2 文《ぶん》しょうを かく

まえの ページの 〈メモ〉を 見《み》て、文《ぶん》しょうを かきましょう。うすい 字《じ》は なぞりましょう。

（れい）　▼どちらかを ◯で かこもう。

（ぼく・わたし）の 名《な》まえは、（林ゆうた）です。

（ぼく・わたし）は、（サッカー）が すきです。

（シュートをするのがたのしい からです）。

わけを かく ときは、「〜からです。」を つかうと いいんだね。

〈メモ〉に かいた ことを そのまま かくと、文《ぶん》しょうが かんせいするね。できた 文《ぶん》しょうを、よんで みよう。

8・9ページ

まんがの　中《なか》で、「ぼくは、おとうさんを　しょうかいしたいな！」と　はなして　いるね。

3 かぞくの　こと ①

ぼくは、おとうさんを　しょうかいしたいな！
◀ともさん
おとうさんは、どんな　人《ひと》かな？
オムライスを　つくるのが　じょうずなんだ。
おとうさんの　どんな　ところが　すきかな？
力《ちから》もちで、かた車《ぐるま》を　して　くれる　ところが　大《だい》すきだよ！

❶ 上《うえ》の　まんがを　見《み》て、こたえましょう。

(1) ともさんが　しょうかいしたい　かぞくは　だれでしょう。（　）に　〇を　つけましょう。

（〇）おとうさん
（　）おかあさん
（　）おとうと

(2) ともさんは、おとうさんの　どんな　ところが　すきでしょう。（　）に　あう　ことばを　かきましょう。

力《ちから》もちで、（　かた車《ぐるま》　）を　して　くれる　ところ。

8

メモを　つくる

❷ まえの　ページの　まんがを　見《み》て、〈ともさんの　メモ〉の　（　）に　あう　ことばを　かきましょう。

〈ともさんの　メモ〉

・しょうかいする　かぞく
（　おとうさん　）

・どんな　人《ひと》か
（　オムライス　）を
つくるのが　じょうず。

・すきな　ところ
力《ちから》もちで、（　かた車《ぐるま》　）を　して　くれる　ところ。

「どんな　人《ひと》か」は、その　人《ひと》が

まんがの　中《なか》で、「オムライスを　つくるのが　じょうずなんだ。」と　はなして　いるね。

文《ぶん》しょうを　かく

❸ 〈ともさんの　メモ〉を　見《み》て、あう　…　字《じ》は　…

〈ともさんの　文《ぶん》しょう〉

ぼくの　（おとうさんを）　しょうかいします。

（おとうさんは）、オムライスを　（つくる）のが　じょうずです。

ぼくは、（おとうさんの）　力《ちから》もちで、かた車《ぐるま》を　（して　くれる）　ところが　すきです。

「ぼくの　〇〇を　しょうかいします。」と　いう　いいかたで　かくと、わかりやすいね。

9

10・11ページ

4 かぞくの　こと ②

あなたの　かぞくの　ことを、ともだちに　しょうかいする　文《ぶん》しょうを　かきましょう。

メモを　つくる

あなたは、だれの　ことを

しょうかいする　かぞくの　ことを　おもいうかべて　みよう。
・やさしい　・げん気《き》
・ダンスを　ならって　いる。
・やさいを　そだてて　いる。
など、その　人《ひと》の　ことが　わかる　ことを　かこう。

❶ あなたの　〈メモ〉を　つくりましょう。

〈メモ〉（れい）

・しょうかいする　かぞく
（　おねえちゃん　）

・どんな　人《ひと》か
（　ピアノが　じょうず。まい日、れんしゅうを　がんばって　いる。　）

・すきな　ところ
（　いつも　いっしょに　あそんで　くれる　ところ。　）

10

文《ぶん》しょうを　かく

❷ まえの　ページの　〈メモ〉を　見《み》て、文《ぶん》しょうを　かき…　うすい　字《じ》は　なぞりましょう。（れい）

▼どちらかを　〇で　かこもう。

しょうかいする　かぞく
（　ぼく・(わたし)　）の　（おねえちゃん　をしょうかいします）。

しょうかいする　かぞくを　かこう。

どんな　人《ひと》か
（　ぼく・(わたし)　）の　（おねえちゃん）は、（ピアノが　じょうずです。まい日、れんしゅうを　がんばって　います。）

すきな　ところ
（　ぼく・(わたし)　）は、（おねえちゃん）の　（いつも　いっしょに　あそんでくれる　ところがすきです）。

「〜です。」「〜ます。」と　いう、ていねいな　いいかたで　かこう。

11

12・13ページ

5 ともだちの こと ①

ともだちを しょうかいする 文しょうの かきかた

ともだちの ことを、ほかの ともだちに しょうかいする 文しょうを かきましょう。

メモを つくる

① 上《うえ》の まんがを 見《み》て、〈みゆさんの メモ〉の （ ）に あう ことばを かきましょう。

〈みゆさんの メモ〉

・しょうかいする ともだちの 名《な》まえ
山本《やまもと》はるかさん

・どんな 人《ひと》か
いつも（げん気）で、（なわとび）が じょうず。

・すきな ところ
（おもしろいはなし）を して くれる ところ。

まんがの 中《なか》で、「はるかさんの どんな ところが すきかな？」と きかれて、「おもしろい はなしを して くれる ところ！」と こたえて いるね。

文《ぶん》しょうを かく

② まえの ページの 〈みゆさんの メモ〉を 見《み》て、〈みゆさんの 文《ぶん》しょう〉の （ ）に あう ことばを かきましょう。うすい 字《じ》は なぞりましょう。

〈みゆさんの 文《ぶん》しょう〉

しょうかいする ともだちの 名《な》まえ
わたしの （ともだちの山本はるかさん）を しょうかいします。

どんな 人《ひと》か ・学校《がっこう》に いる ときの ようす ・じょうずな こと ・いつも して いる こと など
（はるかさんは）、いつも（げん気）で、（なわとびがじょうず です）。

すきな ところ
わたしは はるかさんの、（おもしろいはなしをしてくれる） ところが すきです。

はるかさんの ことが よく わかったよ！

はじめに、だれを しょうかいするのかを かくと、わかりやすく なるね。

14・15ページ

6 ともだちの こと ②

あなたの ともだちの ことを、ほかの ともだちに しょうかいする 文しょうを かきましょう。

メモを つくる

① あなたの 〈メモ〉を つくりましょう。

〈メモ〉（れい）

・しょうかいする ともだちの 名まえ
（村田《むらた》かいとさん）

・どんな 人《ひと》か
（よく本をよんでいる。足がとてもはやい。）

・すきな ところ
（いつもにこにこしていて、みんなに やさしい ところ。）

しょうかいする ともだちの ことを おもいうかべて みよう。
・てつぼうが じょうず。
・字《じ》が きれい。
・こん虫《ちゅう》の ことを よく しって いる。
など、その 人《ひと》の ことが わかる ことを かこう。

② まえの ページの 〈メモ〉を 見《み》て、文《ぶん》しょうを かきましょう。うすい 字《じ》は なぞりましょう。（れい）

▲どちらかを ◯で かこもう。

しょうかいする ともだちの 名まえ
（ぼく・わたし）の ともだちの （村田かいとさん）を しょうかいします。

どんな 人か
（かいとさん）は、（よく本をよんでいます。）（足がとてもはやいです。）

すきな ところ
（ぼく・わたし）は （かいとさん）の、（いつもにこにこしていて、みんなに やさしい ところがすきです）。

よんで たしかめよう。

しょうかいする ともだちの 名《な》まえを かこう。

「〜です。」「〜ます。」と いう、ていねいな いいかたで かこう。

16・17ページ

7 先生《せんせい》の こと ①

先生を しょうかいする 文しょうの かきかた

あなたの クラスの 先生の ことを、おうちの 人《ひと》に しょうかいする 文しょうを かきましょう。

◆いつもの 先生の ようすを おもいうかべて、

いつも いっしょに あそんで くれるんだ。

ときどき、手じなを して くれるよ！

たくさん ほめて くれる ところが すきだよ！

メモを つくる

① 上《うえ》の まんがを 見《み》て、〈ともさんの メモ〉の（　）に あう ことばを かきましょう。

〈ともさんの メモ〉

・しょうかいする 先生の 名《な》まえ　木村だいすけ先生

・どんな 先生か　やさしくて、いつも いっしょに（あそんで）くれる。ときどき、（手じな）を して くれる。

・すきな ところ　たくさん（ほめてくれる）ところ。

> まんがの 中《なか》で、「ときどき、手《て》じなを して くれるよ！」と はなして いるね。

文しょうを かく

② まえの ページの（　）に あう こ……〈れい〉〈ともさんの 文しょう〉

しょうかいする 先生の 名まえ／どんな 先生か・学校に いる ときの ようす・しょうすな こと・いつも して いる こと など／すきな ところ

ぼくの クラスの 木村だいすけ先生を（しょうかいします）。

木村先生は、（やさしくて）、いつも いっしょに（あそんで）くれます。ときどき、（手じなをして）くれます。

ぼくは 木村先生の、（たくさんほめてくれるところ）が すきです。

木村先生の ことが よく わかるように かけたね！

> はじめに、だれを しょうかいするのかを かくと、わかりやすく なるね。

> 「ぼくは ○○先生《せんせい》の、～ところが すきです。」と いう いいかたで かくと、わかりやすく なるね。

18・19ページ

8 先生《せんせい》の こと ②

あなたの クラスの 先生の ことを、おうちの 人《ひと》に しょうかいする 文しょうを かきましょう。

① あなたの 〈メモ〉を つくりましょう。

〈メモ〉〈れい〉

・しょうかいする 先生の 名まえ（早川まい）先生

・どんな 先生か（えをかくのがじょうず。きゅうしょくのミートソースが大すき。）

・すきな ところ（うしろのこくばんに、どうぶつのえをかいてくれるところ。）

> しょうかいする 先生《せんせい》の ことを おもいうかべて みよう。
> ・いつも 大《おお》きい こえで 「おはよう。」と いう。
> ・水《すい》そうの かめに よく はなしかけて いる。
> ・ピアノを ひくのが じょうず。
> など、先生《せんせい》の ことが わかる ことを かこう。

うすい 字は なぞりましょう。〈れい〉

▼どちらかを ◯で かこもう。

（ぼく・わたし）の クラスの（早川まい）先生をしょうかいします。

（早川（まい）先生）は、えをかくのがじょうずです。きゅうしょくのミートソースが大すきです。

（ぼく・わたし）は（早川（まい）先生）の、うしろのこくばんに、どうぶつのえをかいてくれるところがすきです。

〈メモ〉に かいた ことを、「～です。」「～ます。」と いう ていねいな いいかたで かくんだね。

> 下《した》の 名《な》まえは かいても かかなくても いいよ。

> 「～です。」「～ます。」と いう、ていねいな いいかたで かこう。

20・21ページ

9 学校《がっこう》の こと ①

学校を しょうかいする 文しょうの かきかた

学校《がっこう》の 中《なか》で すきな ばしょを、おうちの 人《ひと》に しょうかいする 文しょうを かきましょう。

できるね。

見るのが すきだな！

まんがの 中《なか》で、「としょしつは、本《ほん》だなが たくさん あって、いろいろな 本《ほん》が ならんで いるよ。」と はなして いるね。

メモを つくる

① 上《うえ》の まんがを 見《み》て、〈みゆさんの メモ〉の（　）に あう ことばを かきましょう。

〈みゆさんの メモ〉

- しょうかいする ばしょ　（としょしつ）
- どんな ばしょか　（本だな）が たくさん あって、いろいろな 本が ならんで いる。みんなが、すきな 本を よんだり（かりたり）できる。
- すきな ところ　としょしつで（どうぶつずかん）を 見るのが すき。

文しょうを かく

② まえの ページの 〈みゆさんの メモ〉を 見て、〈みゆさんの 文しょう〉の（　）に あう ことばを かきましょう。うすい 字は なぞりましょう。

はじめに すきな ばしょを かくと、わかりやすく なるね。

〈れい〉〈みゆさんの 文しょう〉

しょうかいする ばしょ：わたしが 学校で すきな ばしょは、（としょしつ です）。

どんな ばしょか・なにを する ばしょか・なにが あるか など：（としょしつ）は、（本だな）が たくさん あって、いろいろな 本が（ならんで います）。みんなが、すきな 本を（よんだりかりたり）できます。

すきな ところ・そこで なにを するのが すきか・わけ など：わたしは、（としょしつ）で（どうぶつずかんを見る）のが すきです。

としょしつの ことが よく わかるね！ ぼくも としょしつに いきたく なったよ。

みゆさんは、「そこで なにを するのが すきか」を かいたんだね。

22・23ページ

10 学校《がっこう》の こと ②

学校の 中で あなたが すきな ばしょを、おうちの 人に しょうかいする 文しょうを かきましょう。

メモを つくる

学校には、いろいろな ばしょが あるよね。あなたが すきな ばしょや、よく いく ばしょは どこかな？ その ようすを おもい出して みよう。

① あなたの 〈メモ〉を つくりましょう。

〈メモ〉〈れい〉

- しょうかいする ばしょ　（校てい）
- どんな ばしょか　（たいいくをしたり、あそんだりするばしょ。てつぼうや、うんていや、のぼりぼうがある。）
- すきな ところ　（休みじかんに、みんなでサッカーができるからすき。）

「すきな わけ」を かく ときは、「～から」と いう いいかたで かこう。

文しょうを かく

② まえの ページの 〈メモ〉を 見て、…

〈れい〉

▼どちらかを ◯で かこもう。

（ぼく・わたし）が 学校で すきな ばしょは、（校てい です）。

（校てい）は、（たいいくをしたり、あそんだりするばしょです。てつぼうや、うんていや、のぼりぼうがあります。）

（ぼく・わたし）は、（休みじかんに、みんなでサッカーができるから、校ていがすきです。）

「〇〇で ～を するのが すきです。」や、「～から、〇〇が すきです。」と いう いいかたで かくと いいよ。

「～です。」「～ます。」と いう ていねいな いいかたで かこう。

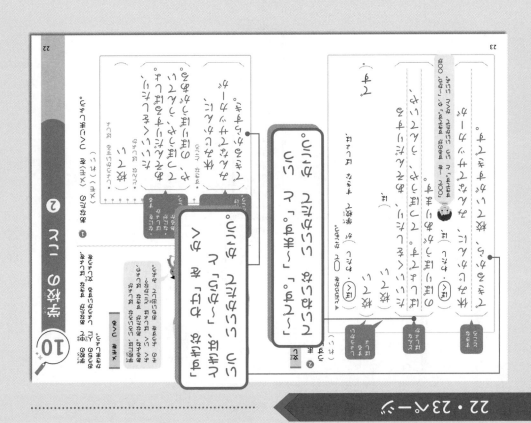

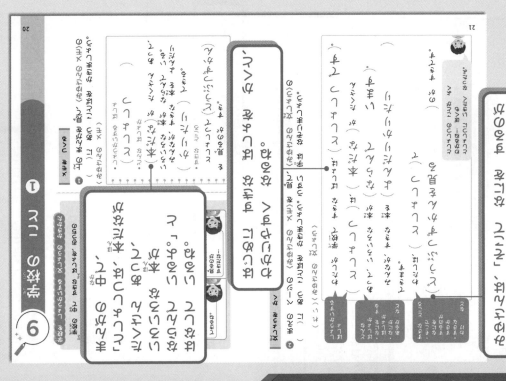

24・25ページ

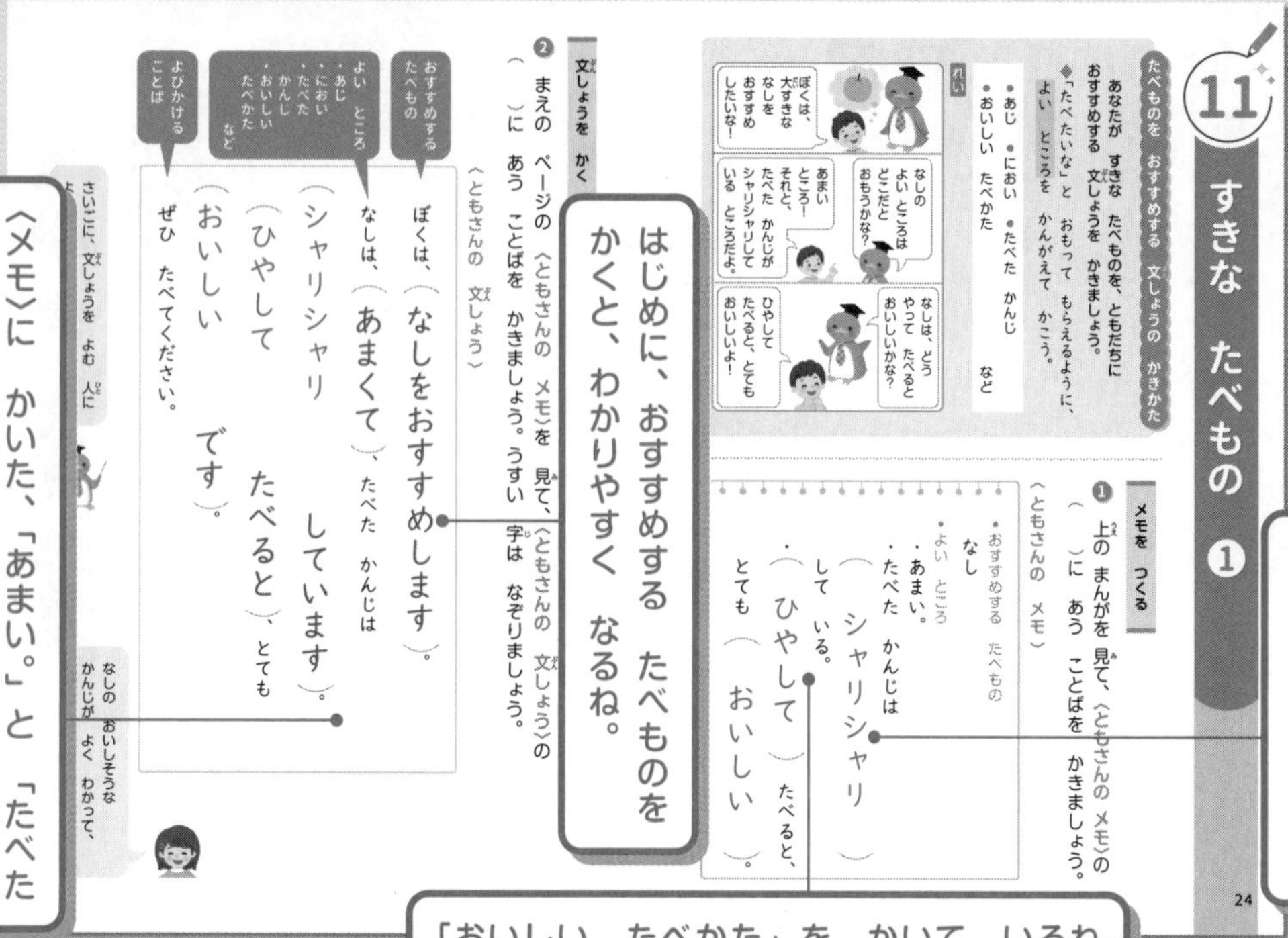

11 すきな たべもの ①
たべものを おすすめする 文しょうの かきかた
あなたが すきな たべものを、ともだちに おすすめする 文しょうを かきましょう。
◆「たべたいな」と おもって もらえるように、よい ところを かんがえて かこう。
れい ・あじ ・におい ・たべた かんじ ・おいしい たべかた など
ぼくは、大すきな なしを おすすめ したいな！
なしの よい ところは どこだと おもうかな？
あまい ところ！ それと、たべた かんじが シャリシャリして いる ところだよ。
なしは、どう やって たべると おいしいかな？
ひやして たべると、とても おいしいよ！
メモを つくる
1 上の まんがを 見て、〈ともさんの メモ〉の（　）に あう ことばを かきましょう。
〈ともさんの メモ〉
・おすすめする たべもの なし
・よい ところ
・あまい。
・たべた かんじは（シャリシャリ）して いる。
・（ひやして）たべると、とても（おいしい）。
文しょうを かく
2 まえの ページの 〈ともさんの メモ〉を 見て、〈ともさんの 文しょう〉の（　）に あう ことばを かきましょう。うすい 字は なぞりましょう。
〈ともさんの 文しょう〉
ぼくは、（なしをおすすめします）。
なしは、（あまくて）、たべた かんじは（シャリシャリ　していま す）。
（ひやして　たべると）、とても（おいしい　です）。
ぜひ たべてください。
さいごに、文しょうを よむ 人に よびかける ことば
なしの おいしそうな かんじが よく わかって、

「たべた　かんじ」を　かいて　いるね。

はじめに、おすすめする　たべものを　かくと、わかりやすく　なるね。

「おいしい　たべかた」を　かいて　いるね。

〈メモ〉に　かいた、「あまい。」と　「たべた　かんじは　シャリシャリして　いる。」を、一《ひと》つの　文《ぶん》に　まとめて　かいて　いるね。

26・27ページ

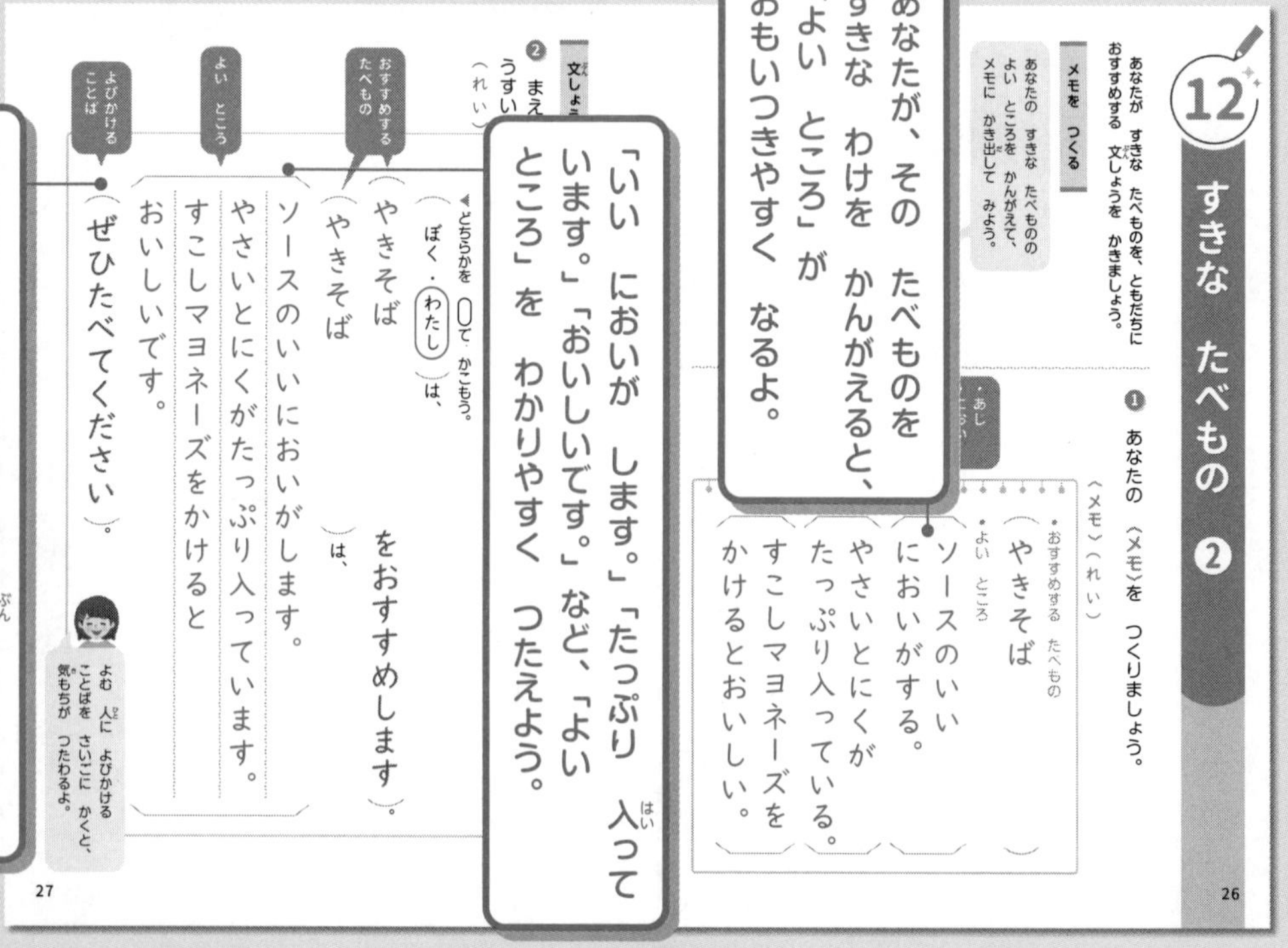

12 すきな たべもの ②
あなたが すきな たべものを、ともだちに おすすめする 文しょうを かきましょう。
メモを つくる
あなたの すきな たべものの よい ところを かんがえて、メモに かき出して みよう。
1 あなたの 〈メモ〉を つくりましょう。
〈メモ〉（れい）
・おすすめする たべもの （やきそば）
・よい ところ
（ソースの いい においが する。）
（やさいと にくが たっぷり入って いる。）
（すこし マヨネーズを かけると おいしい。）
文しょうを かく
2 まえの ページの
（れい）
▼どちらかを ○で かこもう。
（ぼく・わたし）は、（やきそば）を おすすめします。
（やきそば）は、ソースのいいにおいがします。やさいとにくがたっぷり入っています。すこしマヨネーズをかけるとおいしいです。
（ぜひたべてください）。
よむ 人に よびかける ことばを さいごに かくと、気もちが つたわるよ。

あなたが、その　たべものを　すきな　わけを　かんがえると、「よい　ところ」が　おもいつきやすく　なるよ。

「いい　においが　します。」「たっぷり　入《はい》って　います。」「おいしいです。」など、「よい　ところ」を　わかりやすく　つたえよう。

ともだちに　おすすめする　文《ぶん》しょうだから、よびかける　ことばを　かくと　いいね。

28・29ページ

13 すきな　あそび ①

あそびを　おすすめする　文しょうの　かきかた

あなたが　すきな　あそびを、ともだちに　おすすめする　文しょうを　かきましょう。

◆「あそびたいな。」と　おもって　もらえるように、よい　ところを　かんがえて　かこう。

れい
●あそびかた　●おもしろい　ところ　●できる　こと
●あそんで　いる　ときの　気もち　など

なわとびを　おすすめ　したいな！

ぴょん　ぴょん　とぶのが　たのしいよ。

いろいろな　とびかたが　できるように　なると、うれしいよ。

ともだちと、だれが　たくさん　とべるか　きょうそうを　するのも　おもしろいんだ！

1 メモを　つくる

上《うえ》の　まんがを　見《み》て、〈みゆさんの　メモ〉の（　）に　あう　ことばを　かきましょう。

〈みゆさんの　メモ〉

・おすすめする　あそび
（なわとび）
・よい　ところ
・ぴょんぴょん　とぶのが　たのしい。
・（いろいろなとびかた）が　できるように　なると、うれしい。
・ともだちと、だれが　たくさん　とべるか　（きょうそう）を　するのも　（おもしろい）。

「たのしい　ところ」「うれしい　こと」「おもしろい　あそびかた」を　かいて　いるね。

2 文しょうを　かく

まえの　ページの　〈みゆさんの　メモ〉を　見《み》て、〈みゆさんの　文《ぶん》しょう〉の（　）に　あう　ことばを　かきましょう。うすい　字《じ》は　なぞりましょう。

〈みゆさんの　文《ぶん》しょう〉

おすすめする　あそび
わたしは、（なわとび）を　おすすめします。

よい　ところ
（なわとび）は、ぴょんぴょん（とぶ）のが（たのしい）です。

それから、（いろいろなとびかた）が　できるように　なると、（うれしい　です）。

ともだちと、だれが　たくさん　とべるか（きょうそう）を　するのも　おもしろいです。

よびかける　ことば
ぜひ　やってください。

文が　たくさん　ある　ときは、文と　文を　つなぐ　ことばを　つかおう。

しって　いる　あそびでも、気づかなかった　ことが　たくさん　あるね！

はじめに、おすすめする　あそびを　かくと、わかりやすく　なるね。

28　29

30・31ページ

14 すきな　あそび ②

あなたが　すきな　あそびを、ともだちに　おすすめする　文しょうを　かきましょう。

1 あなたの　〈メモ〉を　つくりましょう。

〈メモ〉（れい）

・おすすめする　あそび
（おにごっこ）
・よい　ところ
（みんなでいっしょに　あそべる。）
（おににつかまらないように　にげるのがおもしろい。）
（おにをふやしたり、やりかたをかえたりすると、たのしくなる。）

・どうぐが　なくても　できる。
・ひとりでも　あそべる。
・いえの　中《なか》でも　できる。
・～すると　たのしい。
・あそんで　いると、わくわくする。
など、その　あそびの　よい　ところや　すきな　ところを　かこう。

2 文しょうを　かく

まえの　ページの　〈メモ〉を　見《み》て、〈文しょう〉を　かきましょう。うすい　字《じ》は　なぞりましょう。

（れい）

▼どちらかを　◯で　かこもう。

おすすめする　あそび
（ぼく・わたし）は、（おにごっこ）を　おすすめします。

よい　ところ
（おにごっこ）は、みんなでいっしょにあそべます。おににつかまらないようににげるのがおもしろいです。それから、おにをふやしたり、やりかたをかえたりすると、たのしくなります。

文と　文を　つなぐ　ことばを　つかって　みよう。
そして　それから　ほかに　など

よびかける　ことば
（ぜひやってください）。

文《ぶん》が　たくさん　ある　ときは、文《ぶん》と　文《ぶん》を　つなぐ　ことばを　つかうと　わかりやすく　なるよ。

30　31

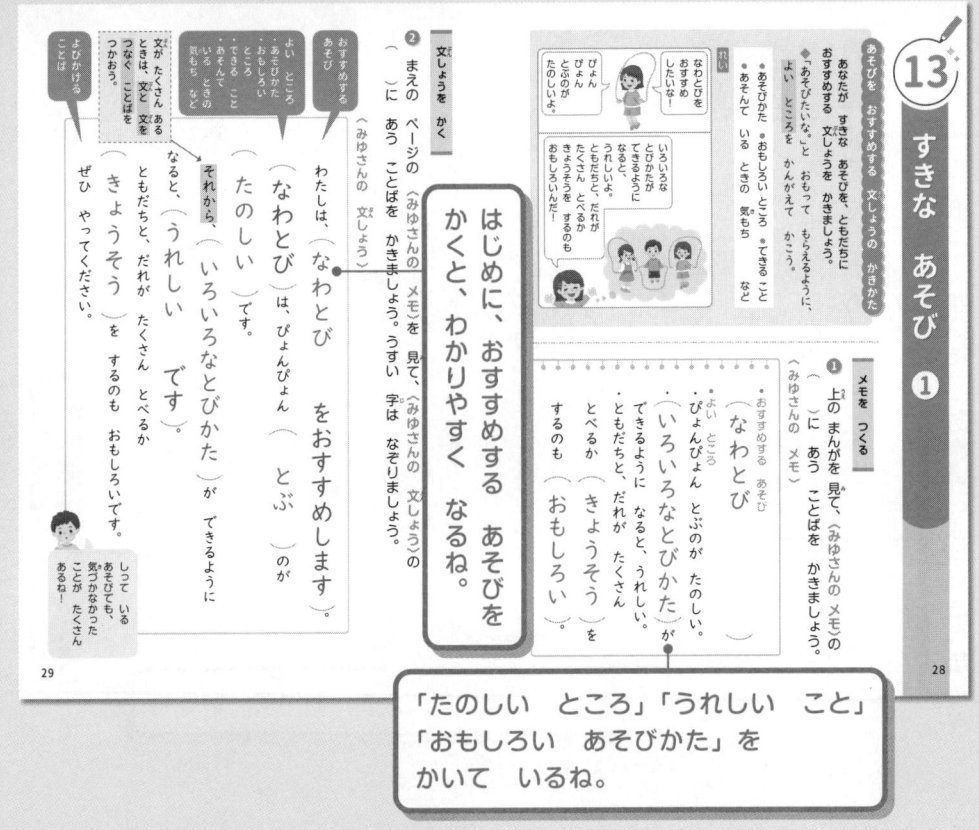

32・33ページ

15 あさ　した　こと　1

した　ことを　しらせる　文《ぶん》しょうの　かきかた

あさ　おきてから、学校《がっこう》へ　いく　までに　した　ことを、先生《せんせい》に　しらせる　文《ぶん》しょうを　かきましょう。

◆した　ことを　じゅんばんに　おもい出《だ》して、じゅんじょを　あらわす　ことばを　つかって　かこう。

れい

おきたら、かおを　あらって……。
あさごはんを　たべて……。
はみがきを　して……。
テレビを　見《み》ながら　きがえを　して……。
いって　きます！

じゅんじょを　あらわす　ことば
- はじめに
- つぎに
- それから
- さいごに
など

メモを　つくる

1 上《うえ》の　まんがを　見《み》て、〈ともさんの　メモ〉の（　）に　あう　ことばを　かきましょう。

〈ともさんの　メモ〉

・あさ　おきてから　した　こと

① かおを　あらった。
②（あさごはん）を　たべた。
③（はみがき）を　した。
④ テレビを　見《み》ながら（きがえ）を　した。

した　じゅんに　かき出《だ》して　いこう。

> したことを　じゅんばんに　かいて　いるね。

文《ぶん》しょうを　かく

2 まえの　ページの　〈ともさんの　メモ〉を　見《み》て、〈ともさんの　文《ぶん》しょう〉の（　）に　あう　ことばを　かきましょう。うすい　字《じ》は　なぞりましょう。

〈ともさんの　文《ぶん》しょう〉

あさ　おきてから　した　こと

ぼくは、あさ　おきて、（はじめに）、かおを（あらいました）。

（つぎに）、あさごはんを（たべました）。

（それから）、（はみがき）を　しました。

（さいごに）、（テレビ）を　見《み》ながら（きがえをしました）。

じゅんじょを　あらわす　ことばを　つかおう。
はじめに
つぎに
それから
さいごに　など

じゅんじょ　よく　かいて　あるから、わかりやすいね！

> じゅんじょを　あらわす　ことばを　つかうと、わかりやすく　なるね。

> 「〜ました。」と　いう、ていねいな　いいかたで　かこう。

34・35ページ

16 あさ　した　こと　2

あなたが　あさ　おきてから、学校《がっこう》へ　いく　までに　した　ことを、先生《せんせい》に　しらせる　文《ぶん》しょうを　かきましょう。

> した　じゅんばんに　かいて　おくと、文《ぶん》しょうを　かく　ときも、じゅんじょ　よく　かく　ことが　できるよ。

1 あなたの　〈メモ〉を　つくりましょう。

〈メモ〉（れい）

・あさ　おきてから　した　こと

①（あさごはんをたべた。）
②（かおをあらった。）
③（はみがきをした。）
④（きがえをした。）

（　）は、ぜんぶ　かかなくても　いいよ。三《みっ》つは　かこう！

2 まえの　ページの　〈メモ〉を　見《み》て、文《ぶん》しょうを　かきましょう。うすい　字《じ》は　なぞりましょう。

（れい）

▼どちらかを　◯で　かこもう。

（ぼく・(わたし)）は、あさ　おきて、

（はじめに、あさごはんをたべました。）

（つぎに、かおをあらいました。）

（それから、はみがきをしました。）

（さいごに、きがえをしました。）

じゅんじょを　あらわす　ことばを　つかおう。
はじめに
つぎに
それから
さいごに　など

〈メモ〉に　かいた　ぶんだけ　かけば　いいよ。

じゅんじょに　気《き》を　つけて　かく　ことが　大《たい》せつだね。

> じゅんじょを　あらわす　ことばを　つかって　みよう。した　ことが　わかりやすく　つたわるよ。

> 「〜ました。」と　いう、ていねいな　いいかたで　かこう。

36・37ページ

「〜ました。」と いう ていねいな いいかたで かこう。

した ことを じゅんばんに かいて いるね。

はじめに、「いつ・なにを した」を かくと、文《ぶん》しょうが わかりやすく なるね。

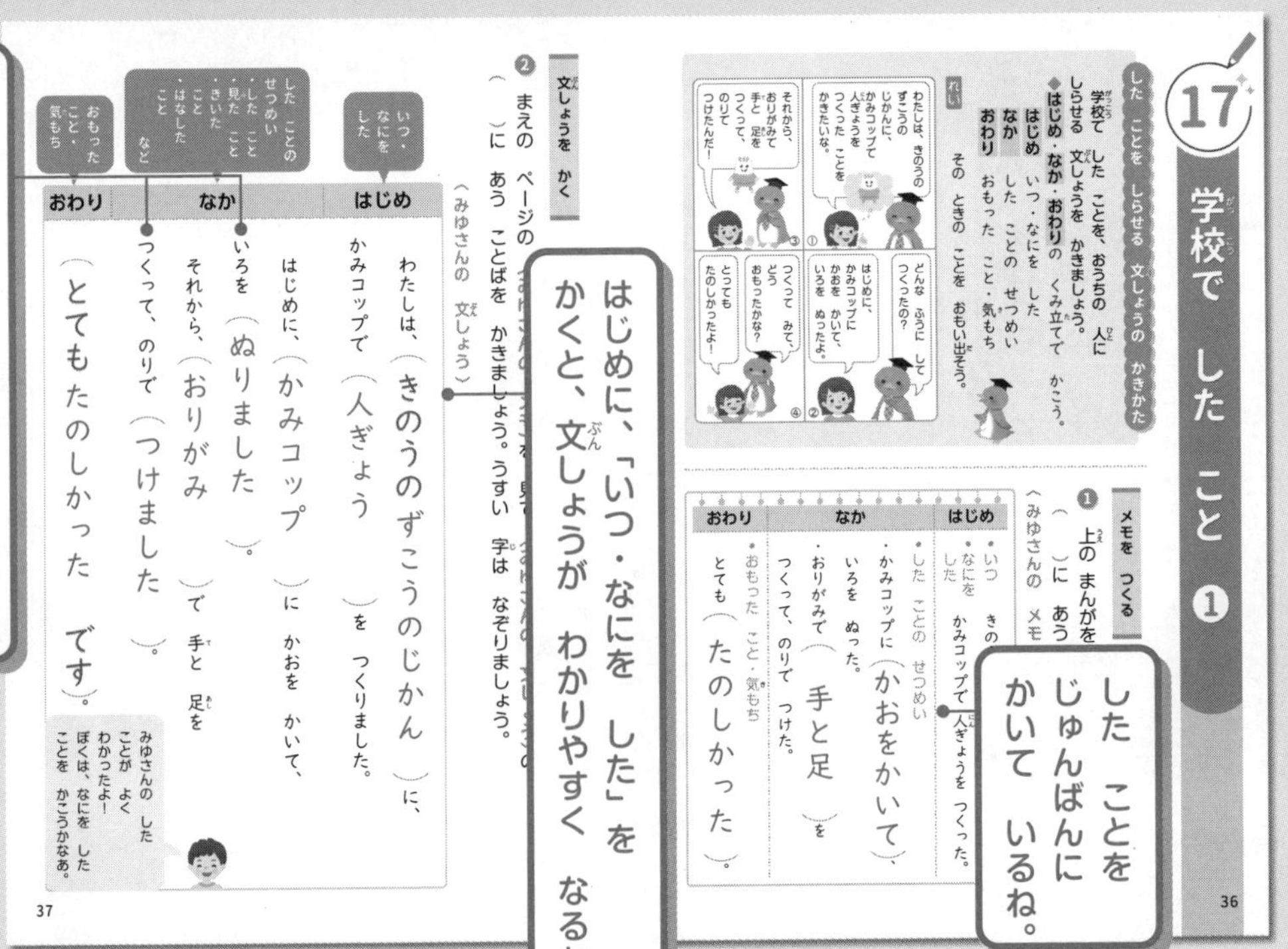

17 学校《がっこう》で した こと ①
した ことを しらせる 文しょうの かきかた
学校《がっこう》で した ことを、おうちの 人《ひと》に しらせる 文しょうを かきましょう。
◆はじめ・なか・おわりの くみ立《た》てで かこう。
はじめ いつ・なにを した
なか した ことの せつめい
おわり おもった こと・気もち
その ときの ことを おもい出そう。
れい
わたしは、きのうの ずこうの じかんに、かみコップで 人ぎょうを つくったんだ。
どんな ふうに して つくったの?
はじめに、かみコップに かおを かいて、いろを ぬったよ。
それから、おりがみで 手と 足を つくって、のりで つけたんだ!
つくって みて、どう おもったかな?
とっても たのしかったよ!
メモを つくる
① 上《うえ》の まんがを …
( )に あう …
〈みゆさんの メモ〉
はじめ ・いつ きの… ・なにを した かみコップで 人ぎょうを つくった。
なか ・した ことの せつめい ・かみコップに (かおを かいて)、いろを ぬった。 ・おりがみで (手と足)を つくって、のりで つけた。
おわり ・おもった こと・気もち とても (たのしかった)。
36
文《ぶん》しょうを かく
② まえの ページの … ( )に あう ことばを かきましょう。うすい 字《じ》は なぞりましょう。
〈みゆさんの 文《ぶん》しょう〉
はじめ わたしは、(きのうの ずこうの じかん)に、かみコップで (人ぎょう)を つくりました。
なか はじめに、(かみコップ)に かおを かいて、いろを (ぬりました)。 それから、(おりがみ)で 手と 足を つくって、のりで (つけました)。
おわり (とても たのしかった です)。
いつ・なにを した
した ことの せつめい ・した こと ・見た こと ・きいた こと ・はなした こと など
おもった こと・気もち
みゆさんの した ことが よく わかったよ! ぼくは、なにを した ことを かこうかなあ。
37

38・39ページ

その ときの ことを よく おもい出《だ》して、した ことや 見《み》た ことを、じゅんばんに かいて いこう。

その ことを して、どんな ことを おもったか、どんな 気《き》もちに なったかを じゆうに かこう。

した ことや 見《み》た ことを じゅんばんに かくと、わかりやすい 文《ぶん》しょうに なるね。

「〜ました。」「〜です。」「〜と おもいました。」など、ていねいな いいかたで かこう。

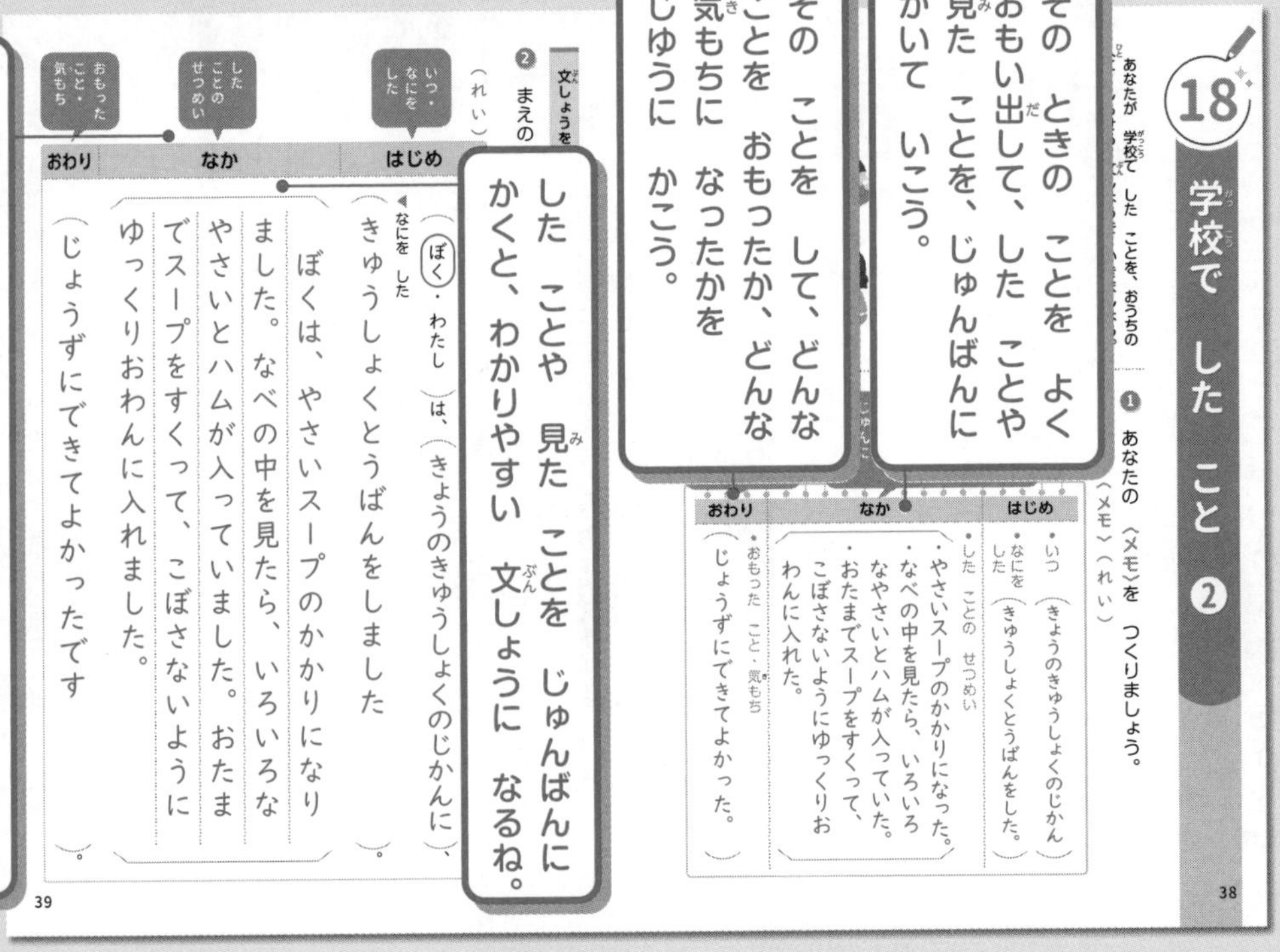

18 学校《がっこう》で した こと ②
あなたが 学校《がっこう》で した ことを、おうちの …
① あなたの 〈メモ〉を つくりましょう。
〈メモ〉(れい)
はじめ ・いつ (きょうの きゅうしょくの じかん) ・なにを した (きゅうしょくとうばんを した。)
なか ・した ことの せつめい ・やさいスープの かかりに なった。 ・なべの 中を 見たら、いろいろな やさいと ハムが 入って いた。 ・おたまで スープを すくって、こぼさないように ゆっくり おわんに 入れた。
おわり ・おもった こと・気もち (じょうずに できて よかった。)
38
② まえの … 文《ぶん》しょうを …
(れい)
はじめ (ぼく・わたし)は、(きょうの きゅうしょくの じかんに)、 ▼なにを した (きゅうしょくとうばんを しました)。
なか ぼくは、やさいスープの かかりに なりました。なべの 中を 見たら、いろいろな やさいと ハムが 入って いました。おたまで スープを すくって、こぼさないように ゆっくり おわんに 入れました。
おわり (じょうずに できて よかった です)。
いつ・なにを した
した ことの せつめい
おもった こと・気もち
39

40・41ページ

まんがの 中《なか》で、「ぼくは、土《ど》よう日《び》の あさに、げんかんそうじを したよ。」と はなして いるね。

じゅんじょを あらわす ことばを つかうと、わかりやすく なるね。

その ときに おもった ことを かくと、ようすが よく わかるね。

19 おてつだいを した こと ①

した ことを しらせる 文しょうの かきかた

いえで おてつだいを した ことを しらせる 文《ぶん》しょうを かきましょう。

メモを つくる

1 上《うえ》の まんがを 見《み》て、〈ともさんの メモ〉の （　）に あう ことばを かきましょう。

〈ともさんの メモ〉

- いつ　土《ど》よう日《び》の あさ
- なにを した　（げんかんそうじ）
- した こと　はじめに、くつを ぜんぶ くつばこに 入れた。つぎに、（ほうき）で げんかんを はいた。さいごに、くつを 出《だ》して、きれいに （ならべた）。
- おもった こと　げんかんが ぴかぴかに なって、気もちが よかった。

40

2 まえの ページの 〈ともさんの メモ〉を 見《み》て、〈ともさんの 文《ぶん》しょう〉の （　）に あう ことばを かきましょう。うすい 字《じ》は なぞりましょう。

〈ともさんの 文《ぶん》しょう〉

いつ・なにを した
ぼくは、土《ど》よう日《び》の あさに、（げんかんそうじ）を しました。

した こと
（はじめに）、くつを ぜんぶ （くつばこ）に 入れました。
（つぎに）、ほうきで げんかんを はきました。
（さいごに）、くつを 出《だ》して、きれいに （ならべました）。

おもった こと
げんかんが （ぴかぴか）に なって、（気もちがよかったです）。

ともさんが、げんかんそうじを がんばって いる ようすが、よく わかったよ！

41

42・43ページ

・おてつだいを さいごまで やって みて、どう おもったか。（かんたんだった。たいへんだった。）
・つぎは、どんな おてつだいを したいか などを かこう。

じゅんじょを あらわす ことばを つかって かいて みよう。

20 おてつだいを した こと ②

あなたが いえで おてつだいを した ことを しらせる 文《ぶん》しょうを かきましょう。

1 あなたの 〈メモ〉を つくりましょう。

〈メモ〉（れい）

- いつ　（きのうのゆうごはんのとき）
- なにを した　（テーブルのじゅんび）
- した こと　（はじめに、ふきんでテーブルをふいた。）（つぎに、おさらとおはしをならべた。）（さいごに、おかずをならべた。）
- おもった こと　（こんどは、おかずをつくるおてつだいをしたい。）

42

文《ぶん》しょうを かく

2 まえの ページの 〈メモ〉を 見《み》て、文《ぶん》しょうを かきましょう。うすい 字《じ》は なぞりましょう。

（れい）

▼どちらかを ○で かこもう。▼いつ
（ぼく・わたし）は、（きのうのゆうごはんのとき）、
▼なにを した
（テーブルのじゅんび）をしました。

した こと
はじめに、ふきんでテーブルをふきました。
つぎに、おさらとおはしをならべました。
さいごに、おかずをならべました。

じゅんじょを あらわす ことばを つかって みよう。

おもった こと
こんどは、おかずをつくるおてつだいをしたいです。

した ことを じゅんじょ よく かく ことが たいせつなんだね。

43

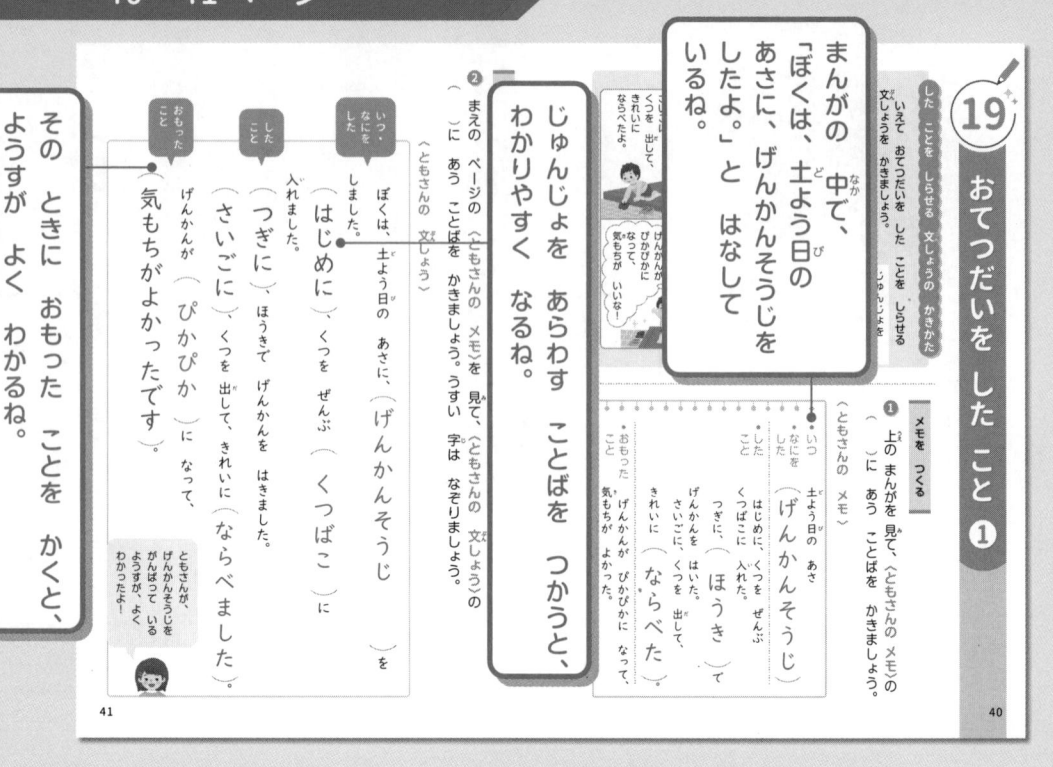

44・45ページ

21 きょう あった こと ①

えにっきの かきかた

その 日《ひ》に あった ことを、えと 文《ぶん》で かきましょう。

◆あった ことを おもい出《だ》そう。

- たのしかった こと
- がんばった こと
- うれしかった こと
- おどろいた こと
- はじめて した こと　など

◆はじめの 文《ぶん》に、どんな ことが あったかを かこう。

- どこで
- だれと
- なにを した　など

れい

メモを つくる

❶ 上《うえ》の まんがを 見《み》て、〈みゆさんの メモ〉の（　）に あう ことばを かきましょう。

〈みゆさんの メモ〉

・どんな ことが あったか
こうえんで、（かくれんぼ）を した。

・した ことや おもった こと
大《おお》きい 木《き》の うしろに、（しゃがんで）かくれた。
おにの 足音《あしおと》が きこえた ときは、（どきどき）した。
すぐに 見つかって しまったけれど、（たのしかった）。

えにっきを かく

❷ まえの ページの〈みゆさんの メモ〉を 見て、（　）に あう ことばを かきましょう。

〈みゆさんの えにっき〉

九月《がつ》 十七日《にち》

日《ひ》づけを かこう。

どんな ことが あったか

した ことや おもった こと

きょう、こうえんで（かくれんぼ）を しました。大《おお》きい 木《き》の（うしろ）に、しゃがんで（かくれました）。おにの 足音《あしおと》が（きこえた）ときは、（どきどき しました）。すぐに（見つかって）しまったけれど、（たのしかった です）。

かくれて いる ときの えを かいたよ。

その ときの 気《き》もちを かいて いるね。

にっきには、日《ひ》づけを かくよ。あとで 見《み》た ときに、いつの ことか、すぐに わかるよ。

46・47ページ

22 きょう あった こと ②

きょう あった ことを、えと 文《ぶん》で かきましょう。

メモを つくる

- たのしかった こと
- がんばった こと
- うれしかった こと
- おどろいた こと
- はじめて した こと

❶ あなたの〈メモ〉を つくりましょう。

・どこで ・だれと ・なにを した などを かこう。

〈メモ〉（れい）

・どんな ことが あったか
いえで、かぞくみんなですいかをたべた。

・した ことや おもった こと
おとうさんがすいかをきったら、ザクといい音がした。たべたら、あまくて、つめたくて、おいしかった。
あしたもまたたべたいとおもった。

きこえた 音《おと》なども おもい出《だ》して かくと、ようすが よく わかるね。

（れい）
また、その ときの ことを えに かきましょう。

▼えを かこう。

八月《がつ》 三日

日《ひ》づけを かこう。

どんな ことが あったか

した ことや おもった こと

きょう、いえで、かぞくみんなですいかをたべました。
おとうさんがすいかをきったら、ザクといい音がしました。たべたら、あまくて、つめたくて、おいしかったです。
あしたもまたたべたいとおもいました。

「いつ」「どこで」「だれと」「なにを した」を かくと、どんな ことが あったか わかりやすく なるね。

その ときの ことを おもい出《だ》して、じゆうに えを かこう。

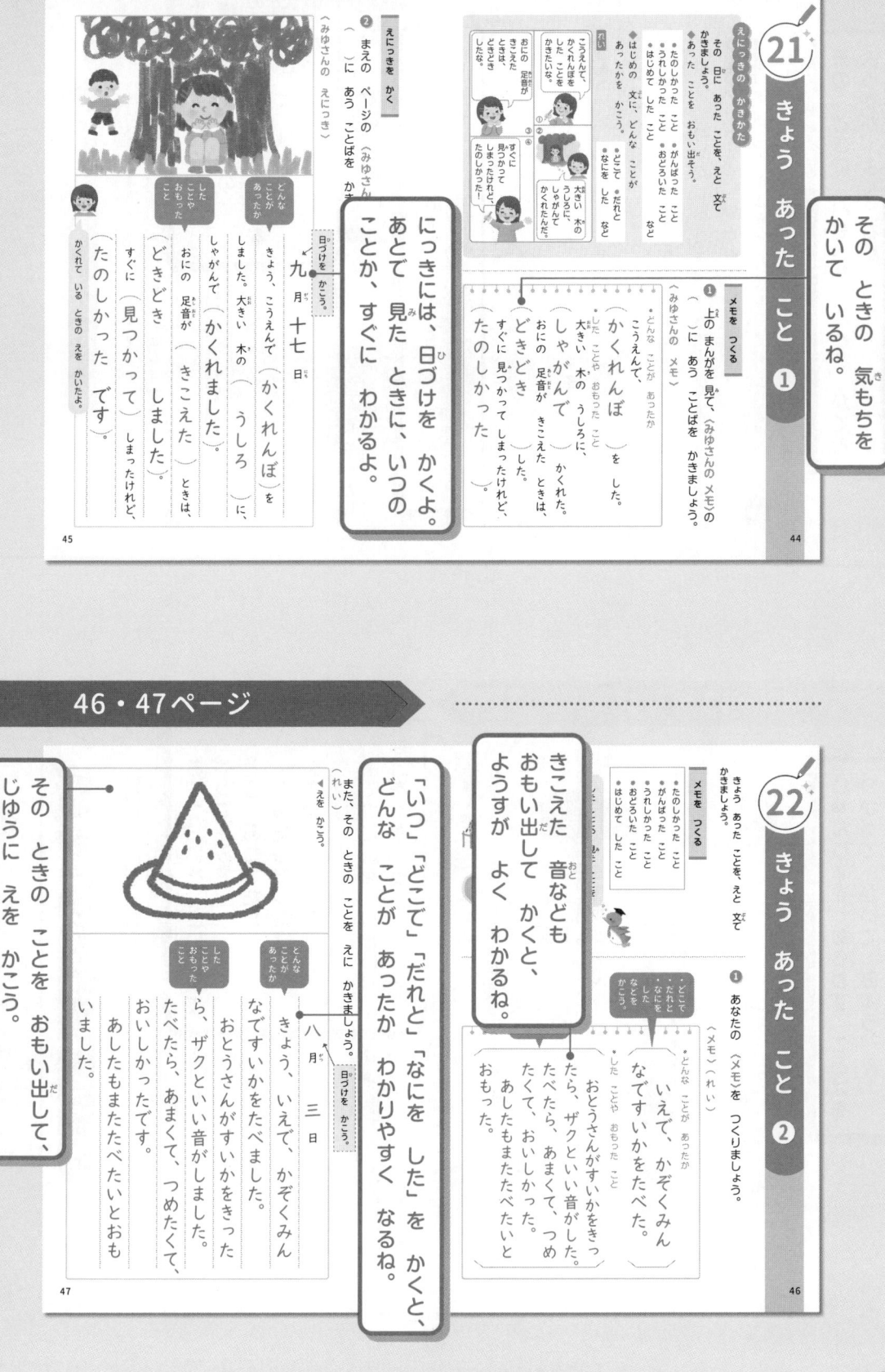

48・49ページ

23 学校《がっこう》の ぎょうじ ①

できごとを しらせる 文しょうの かきかた

メモを つくる

① 上《うえ》の まんがを 見《み》て、〈ともさんの メモ〉の（　）に あう ことばを かきましょう。

〈ともさんの メモ〉

・いつ　五月《ごがつ》　・ぎょうじ　えんそく

・した ことや 見《み》た こと、おもった こと

・（どうぶつえん）に いった。

・きりんが すぐ ちかくまで きて、すこし こわかった。

・はっぱを たべて いる かおが、とても（かわいかった）。

・また きりんに えさを やりたい。

〈ともさんの 文しょう〉

五月《ごがつ》に、えんそくが ありました。

ぼくたちは、（どうぶつえん）に いきました。

ぼくは、（きりん）に えさを やりました。きりんが すぐ（ちかく）まで きて、すこし（こわかったです）。でも、はっぱを たべて いる かおが、とても（かわいかった です）。

また きりんに（えさ）を やりたいです。

いつ・ぎょうじ

した ことや 見た こと、おもった こと

くわしい 日《ひ》づけが わかる ときは、「○月《がつ》 ○日《にち》に、」と かいても いいね。

ともさんは、きりんに えさを やった ことが、とても たのしかったんだね。

ともさんは、きりんに えさを やった ことが こころに のこって いるから、その ときの ことを くわしく おもい出《だ》して いるね。

はじめに、「いつ、どんな ぎょうじが あったか」を かくと、なにに ついて かいた 文《ぶん》しょうかが わかりやすいね。

「おもった こと」も じゅんじょ よく かこう。

50・51ページ

24 学校《がっこう》の ぎょうじ ②

あなたの 学校《がっこう》で あった ぎょうじの

① あなたの 〈メモ〉を つくりましょう。

〈メモ〉（れい）

・いつ（十月一日）

・ぎょうじ（うんどうかい）

・した ことや 見《み》た こと、おもった こと

・玉入れに 出た。

・一つめは、入らなかった。

・二つめは、もっと力を入れて なげたら、入った。とても うれしかった。

・かごの中の玉がどんどんふえ ていくのがおもしろかった。

② まえの ページの 〈メモ〉を 見《み》て、文しょうを かきましょう。うすい 字《じ》は なぞりましょう。

（れい）

（十月一日）に、（うんどうかい）が ありました。

わたしは、玉入れに出ました。一つめは、入りませんでした。二つめは、もっと力を入れてなげたら、入りました。とてもうれしかったです。

かごの中の玉がどんどんふえていくのがおもしろかったです。

いつ・ぎょうじ

した ことや 見た こと、おもった こと

その ぎょうじの 中《なか》で、とくに こころに のこって いる ことを くわしく かくと、あなたらしい 文しょうに なるよ。

・はっぴょうかい
↓じぶんの クラスが うたを うたった こと。とても じょうずな はっぴょうを 見《み》た こと。
・えんそく
↓おべんとうを たべた こと。みんなで ゲームを した こと。
など、ぎょうじの 中《なか》で とくに こころに のこって いる ことを おもい出《だ》して かこう。

くわしい 日《ひ》づけを おぼえて いない ときは、月《つき》だけを かいても いいよ。

52・53ページ

まんがの　中《なか》で　みゆさんが　バチバチと　音《おと》が　する　花火《はなび》を　して、「わあっ！　大《おお》きな　音《おと》！」と　びっくりして　いるね。

はじめに、「いつ」・「どこで」・「だれと」・「なにを　した」を　かくと、文《ぶん》しょうが　わかりやすく　なるね。

かぎ（「　」）の　かきかたを　たしかめよう。はなした　ことには、「　」を　つけるよ。

25 なつ休《やす》みの　できごと　①

できごとを　しらせる　文しょうの　かきかた

1 メモを　つくる

上《うえ》の　まんがを　見《み》て、〈みゆさんの　メモ〉の（　）に　あう　ことばを　かきましょう。

〈みゆさんの　メモ〉

・なつ休《やす》みに　した　こと

にわで　かぞくと（花火）を　した。

・その　ときの　ようす

かみなりの　えの　花火《はなび》は、バチバチと　大《おお》きな（音）が　して、びっくりした。

きらきらした　火花《ひばな》を　ながめながら、おかあさんが、「（ながれぼし）みたいだね。」と　いった。

さいごの　一本《いっぽん》が　きえた　とき、もっと　たくさん　あそびたいなと　おもった。

2 文《ぶん》しょうを　かく

まえの（　）に……

〈みゆさんの　文《ぶん》しょう〉

なつ休みに　した　こと

わたしは　なつ休みに、にわで　かぞくと（花火）を　しました。

かみなりの　えの　花火《はなび》は、（バチバチ）と　大《おお》きな　音《おと》が　して、（びっくりしました）。

その　あと、きらきらした　火花《ひばな》を　ながめながら、おかあさんが、

その　ときの　ようす
・した　こと
・見た　こと
・きいた　こと
・はなした　こと
・おもった　こと　など

「ながれぼしみたいだね。」と　いいました。

はなした　ことは　かぎ（「　」）に　入《い》れて　かこう。

さいごの　一本《いっぽん》が　きえた　とき、もっと（たくさん）あそびたいなと（おもいました）。

52　53

54・55ページ

その　ときの　ようすを、した　ことや　見《み》た　ことの　じゅんばんどおりに　かいて　いこう。その　ときに　おもった　ことや　だれかが　はなした　ことなども　おもい出《だ》して　かくと、ようすが　つたわりやすく　なるよ。

はなした　ことは、「　」を　つけて　かこう。

26 なつ休《やす》みの　できごと　②

あなたが　なつ休《やす》みに　した　ことを、ともだちや　先生《せんせい》に　しらせる　文しょうを　かきましょう。

1 あなたの　〈メモ〉を　つくりましょう。

〈メモ〉（れい）

・なつ休みに　した　こと

おじいちゃんとおばあちゃんと、水ぞくかんにいった。

・その　ときの　ようす

水そうのトンネルをとおった。うみの中にいるみたいだった。

おじいちゃんが、「わあ、見て。サメだよ。大きいね。」といった。

サメは、ほかのさかなをたべないかなあとしんぱいになった。

いろいろな生きものがいて、おもしろかった。

2 文《ぶん》しょうを　かく

まえの　ページの　〈メモ〉を　見《み》て、文《ぶん》しょうを　かきましょう。うすい　字《じ》は　なぞりましょう。

（れい）

▲どちらかを　◯で　かこもう。

（ぼく・わたし）は

なつ休《やす》みに　した　こと

なつ休みに、おじいちゃんとおばあちゃんと、水ぞくかんにいきました。

その　ときの　ようす

水そうのトンネルをとおりました。うみの中にいるみたいでした。おじいちゃんが、「わあ、見て。サメだよ。大きいね。」といいました。サメは、ほかのさかなをたべないのかなあとしんぱいになりました。いろいろな生きものがいて、おもしろかったです。

54　55

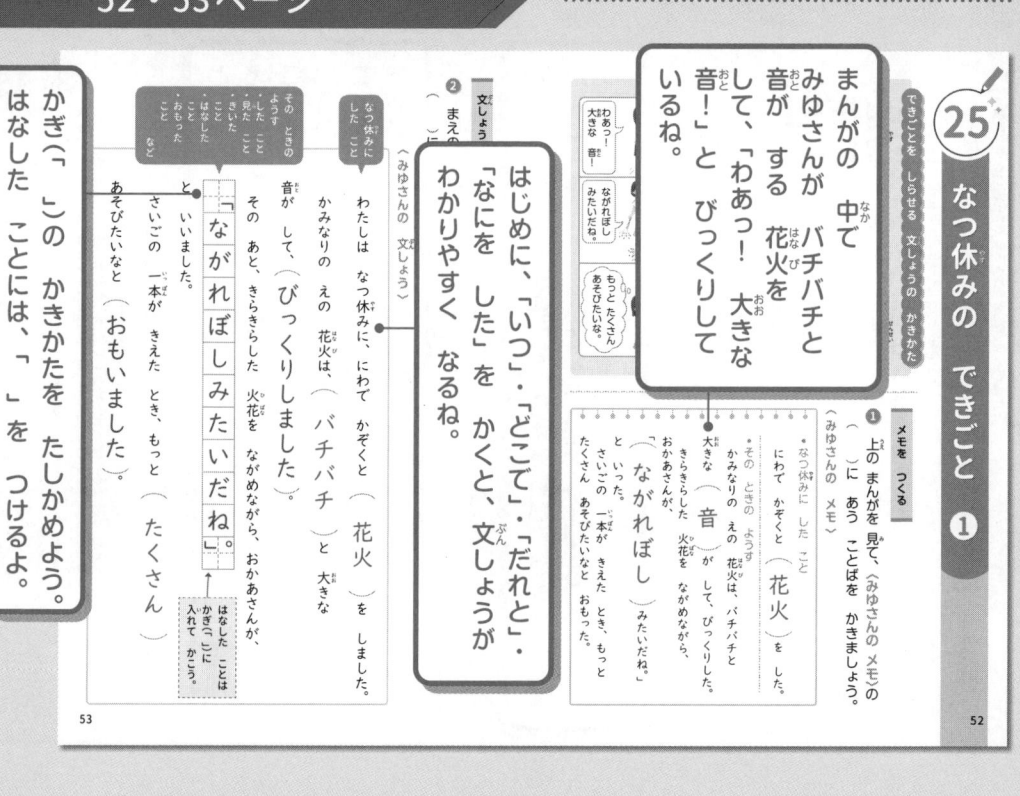

56・57ページ

27 すきな 本《ほん》 ①

本カードの つくりかた

まんがの 中《なか》で、「おもしろかった ところは？」と きかれて、「ふたりが、おかしの いえを 見《み》つけて、おかしを たべる ところ！」と こたえて いるね。

1 メモを つくる
上《うえ》の まんがを 見《み》て、〈ともさんの メモ〉の（　）に あう ことばを かきましょう。

〈ともさんの メモ〉
・本《ほん》の だい名《めい》
ヘンゼルと グレーテル
・どんな 本《ほん》か
ヘンゼルと いう（おにいさん）と、グレーテルと いう（いもうと）が 出《で》て くる。
・おもしろい ところや すきな ところ
ふたりが、（おかしの いえ）を 見《み》つけて、おかしを たべる ところ。

「どんな 本《ほん》か」は、みじかい 文《ぶん》で かくよ。おはなしに 出《で》て くる 人《ひと》を かく ときは、とくに よく 出《で》て くる 人《ひと》を かこう。

〈ともさんの 本《ほん》カード〉
本《ほん》の だい名《めい》：ヘンゼルと グレーテル
どんな 本《ほん》か・だれが 出《で》て くるか・どんな ことが かいて あるか など：ヘンゼルと いう おにいさんと、グレーテルと いう いもうとが 出《で》てきます。
おもしろい ところや すきな ところ：ふたりが、おかしの いえ を 見《み》つけて、おかしを たべるところ が おもしろいです。
石田《いしだ》 とも

だれが かいた カードか わかるように、さいごに じぶんの 名《な》まえを かくよ。

あいて いる ところに、おかしの えを かいたよ！

「すきな ところ」を かきたい ときは、「～ところが すきです。」と かくと いいね。

57　56

58・59ページ

28 すきな 本《ほん》 ②

あなたが すきな 本《ほん》を ともだちに しらせる 「本《ほん》カード」を つくりましょう。

1 あなたの 〈メモ〉を つくりましょう。
〈メモ〉（れい）
・本《ほん》の だい名《めい》
（わらしべちょうじゃ）
・どんな 本《ほん》か
こころの やさしい わかものが 出てくる。
・おもしろい ところや すきな ところ
わかものが、もってい るものを いろいろな 人 と こうかんするところ。

「だれが 出《で》て くるか」を かく ときは、とくに よく 出《で》て くる 人《ひと》を かこう。
「どんな ことが かいて あるか」は、
・うみの 生《い》きものの ことが かいて ある。
・いろいろな とりの たまごの しゃしんが たくさん のって いる。
など、本《ほん》の せつめいを かこう。

……ドを つくりましょう。

（れい）
本《ほん》の だい名《めい》：わらしべちょうじゃ
どんな 本《ほん》か・「～が 出《で》て きます。」「～の ことが かいて あります。」と いう いいかたで かいて みよう。：こころのやさしいわかものが出てきます。
おもしろい ところや すきな ところ：わかものが、もっているものをいろいろな人とこうかんするところがすきです。
青木まりな

じぶんの 名《な》まえを かこう。

あいて いる ところに えを かいても いいよ。たのしい 本《ほん》カードに なるね。

「～ところが おもしろいです。」「～ところが すきです。」と いう いいかたで かこう。

59　58

60・61ページ

29 どくしょかんそう文《ぶん》 ①

メモを　つくる

❶ すきな　本《ほん》を　えらんで　よみましょう。よんだ　本《ほん》の　だい名《めい》を　かきましょう。

〈みゆさんの　メモ〉

わたしは、この　本《ほん》を　よんだよ！

おしゃべりなたまごやき

「おしゃべりなたまごやき」寺村輝夫《てらむらてるお》作、長新太《ちょうしんた》絵（福音館書店《ふくいんかんしょてん》）

〈あなたの　メモ〉（れい）

ぼくはロボットパン

まよったら、すきな　どうぶつや　たべものが　出《で》て　くる　本《ほん》、だい名《めい》や　えを　見《み》て、おもしろそうだなと　おもった　本《ほん》などを　えらぶと　いいよ。

どくしょかんそう文《ぶん》の　かきかた

本《ほん》を　よんで、こころに　のこった　ところや、おもった　ことを　つたえる　文《ぶん》しょうを　かきましょう。

どくしょかんそう文《ぶん》の　くみ立《た》て

はじめ（◆その　本《ほん》を　よんだ　わけ　◆本《ほん》の　せつめい）

なか（◆こころに　のこった　ところと、そこで　おもった　こと）

おわり（◆本《ほん》を　よんで、つよく　おもった　こと）

① すきな　本《ほん》を　えらんで、よもう。よみながら、こころに　のこった　ところに、かみなどを　はさんで　おこう。

② **はじめ**・**なか**・**おわり**に　かく　ことを　かんがえて、メモを　つくろう。

③ メモを　もとに　して、文《ぶん》しょうを　かこう。

60

❷ **はじめ**に　かく　ことを　かんがえて　かきましょう。

◆その　本《ほん》を　よんだ　わけ

◆本《ほん》の　せつめい

・なにが　出《で》て　くるか・どんな　おはなしか

・どんな　ことが　かいて　あるか　など

◎「わけ」と「せつめい」の　どちらか　一《ひと》つを　かいても、りょうほう　かいても　いいよ。

〈みゆさんの　メモ〉

はじめ

わたしは、本《ほん》を　よんだ　わけを　かく　ことに　したよ。

おもしろい　だい名《めい》だったから。

〈あなたの　メモ〉（れい）

はじめ

ロボットのかたちのパンが、パンやさんをとび出してしまうおはなし。

『ぼくはロボットパン』桜井信夫《さくらいのぶお》作《さく》、西川《にしかわ》おさむ絵《え》（小峰書店《こみねしょてん》）

こんなふうに　かいて　みよう。

●「その　本《ほん》を　よんだ　わけ」の　れい

・大《だい》すきなライオンが出《で》てくるから。

・ひょうしのえがかわいかったから。

・としょしつの先生《せんせい》がおしえてくれたから。　など

●「本《ほん》の　せつめい」の　れい

・王《おう》さまと大《だい》じんが出《で》てくる。

・川《かわ》にすんでいる生《い》きもののことがかいてある。　など

62・63ページ

30 どくしょかんそう文《ぶん》 ②

（61ページ❸の　つづき）

〈あなたの　メモ〉（れい）

なか①

・こころに　のこった　ところ

パンやのおじさんがつくったロボットパンたちが、みんなでみせをとび出すところ。

・そこで　おもった　こと

パンがうごき出すなんて、おもしろいな。パンやのおじさんは、まほうつかいみたいだな。

なか②

・こころに　のこった　ところ

ロボットパンが、クレーンのてっぺんから、かぜにふきとばされるところ。

・そこで　おもった　こと

ロボットパンが、ぜんぜんこわがらないから、びっくりした。気もちよさそうだな。

こんなふうに　かいて　みよう。

・〇〇くんは、わたしとちがって、～だな。

・ぼくも、〇〇みたいになりたいな。

・これからは、もっとともだちにやさしくしたい。　など

〈あなたの　メモ〉（れい）

おわり

ぼくもロボットパンをつくってみたいな。もしうごいたら、いっしょにあそんだり、学校にいったりしたい。

62

はじめ（メモは60・61ページ）

なか①（メモは61ページ）

なか②（メモは61ページ）

おわり（メモは62ページ）

わたしは、㋐おしゃべりなたまごやき㋑と　いう　本《ほん》を　よみました。おもしろい　だい名《めい》だったから、よんで　みようと　おもいました。

（おもしろかったところは）、王《おう》さまが　あさの　べんきょうの　あと、「あそぶのが、いちばんたのしいな。」）と　いう　ところです。わたしと　おなじだと　おもいました。王《おう》さまが　大《だい》すきに　なりました。

（ほかに）、めだまやきの　きみから、王《おう》さまの　こえが　きこえて　くる　ところも　おもしろかったです。王《おう》さまは、すごく　びっくりしただろうなあと　おもいました。

この　おはなしの　王《おう》さまは、王《おう》さまなのに　子《こ》どもみたいだなと　おもいました。王《おう》さまと、ともだちに　なりたいです。

文《ぶん》しょうの　いちばん　はじめや、文《ぶん》しょうの　まとまりの　はじめは、一字《いちじ》（一《ひと》ます）下《さ》げる。

本《ほん》に　かいて　ある　ことを　そのまま　かく　ときは、「　」を　つける。

つぎの　ページで、あなたも　どくしょかんそう文《ぶん》を　かこう！

63

「おもしろかった　ところは、～です。」「ほかに、～ところも　おもしろかったです。」と　いう　いいかたで、おもしろかった　ところを　二《ふた》つ　かいて　いるね。

本《ほん》に　かいて　ある　ことを　そのまま　かく　ときは、「　」を　つけるよ。

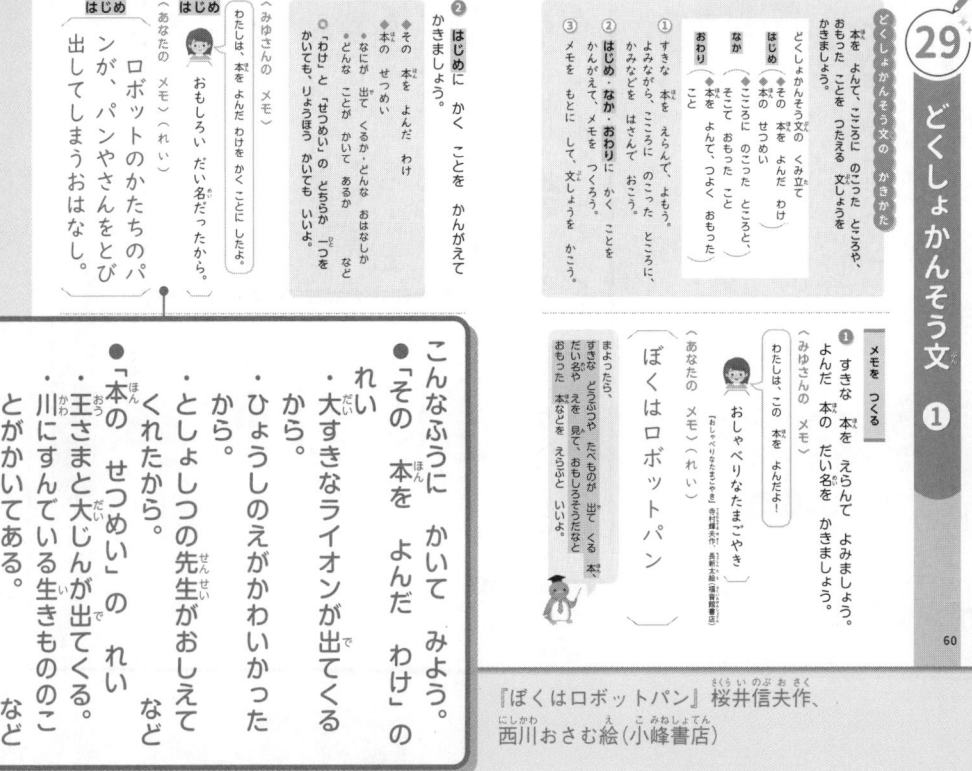

64・65ページ

どんな　おはなしかを　せつめいして　いるね。

「ぼくが　すきな　ところは、～ところです。」「もう一《ひと》つ、すきな　ところは、～ところです。」と　いう　いいかたで　すきな　ところを　二《ふた》つ　かいて　いるね。

31 どくしょかんそう文《ぶん》 ③

❶ 60ページから　62ページの〈あなたの　メモ〉を　見《み》て、どくしょかんそう文《ぶん》を　かきましょう。

〈あなたの　どくしょかんそう文《ぶん》〉（れい）

▼どちらかを〇で　かこもう。

（ぼく・わたし）は、「（ぼくはロボットパン）」と　いう　本《ほん》を　よみました。

はじめ（メモは60・61ページ）

この本は、ロボットのかたちのパンが、パンやさんをとび出してしまうおはなしです。

なか①（メモは62ページ）　なか①を　かくときは、はじめと　ぎょうを　かえて、一字《じ》下げて　かこう。

ぼくがすきなところは、パンやのおじさんがつくったロボットパンたちが、みんなでみせをとび出すところです。パンがうごき出すなんて、おもしろいなとおもいました。パンやのおじさんは、まほうつかいみたいだなとおもいました。

なか②（メモは62ページ）　なか②を　かくときは、なか①と　ぎょうを　かえて、一字《じ》下げて　かこう。

もう一つ、すきなところは、ロボットパンが、クレーンのてっぺんから、かぜにふきとばされるところです。ぼくは、ロボットパンがぜんぜんこわがらないから、びっくりしました。気もちよさそうだなとおもいました。

おわり（メモは62ページ）　おわりを　かくときは、なか②と　ぎょうを　かえて、一字《じ》下げて　かこう。

このおはなしをよんで、ぼくもロボットパンをつくってみたいなとおもいました。もしロボットパンがうごいたら、いっしょにあそんだり、学校にいったりしたいです。

64

66・67ページ

まんがの　中《なか》で、「パズルを　プレゼントして　くれたから、おれいを　いいたいんだ！」と　はなして　いるね。

つたえたい　ことを、わかりやすく、ていねいな　ことばで　かいて　いるよ。

あい手《て》の　名《な》まえと　じぶんの　名《な》まえを　わすれずに　かこう。

32 手《て》がみを　かく ①

手《て》がみの　かきかた

パズルは、とっても　おもしろいんだよ。まい日《にち》　ねる　まえに　あそんで　いるよ。
あいこおばさんと　いっしょに　パズルで　あそびたいな！

メモを　つくる

❶ 上《うえ》の　まんがを　見《み》て、〈ともさんの　メモ〉の（　）に　あう　ことばを　かきましょう。

〈ともさんの　メモ〉

・手《て》がみを　かく　あい手《て》
　あいこおばさん
・つたえたい　こと
・パズルを（プレゼント）して　くれて　ありがとう。
・とても　おもしろくて、まい日《にち》（ねるまえ）に　あそんで　いる。
・あいこおばさんと（いっしょ）に　パズルで　あそびたい。

66

手《て》がみを　かく

❷ まえの　ページの〈ともさんの　メモ〉を　見《み》て、〈ともさんの　手《て》がみ〉の（　）に　あう　ことばを　かきましょう。うすい　字《じ》は　なぞりましょう。

〈ともさんの　手《て》がみ〉

あい手《て》の　名《な》まえ　／　つたえたい　こと　／　じぶんの　名《な》まえ

あいこおばさん

この　まえ、（パズル）を　プレゼントして　くれて、（ありがとうございました）。

とても　おもしろくて、まい日《にち》　ねる　まえに（あそんでいます）。

こんどは、あいこおばさんと（いっしょに）パズルで（あそびたいです）。

石田《いしだ》　とも

手《て》がみを　かいたら、まちがえて　いる　ところが　ないか、たしかめよう。
早《はや》く　あいこおばさんに　よんで　もらいたいな！

67

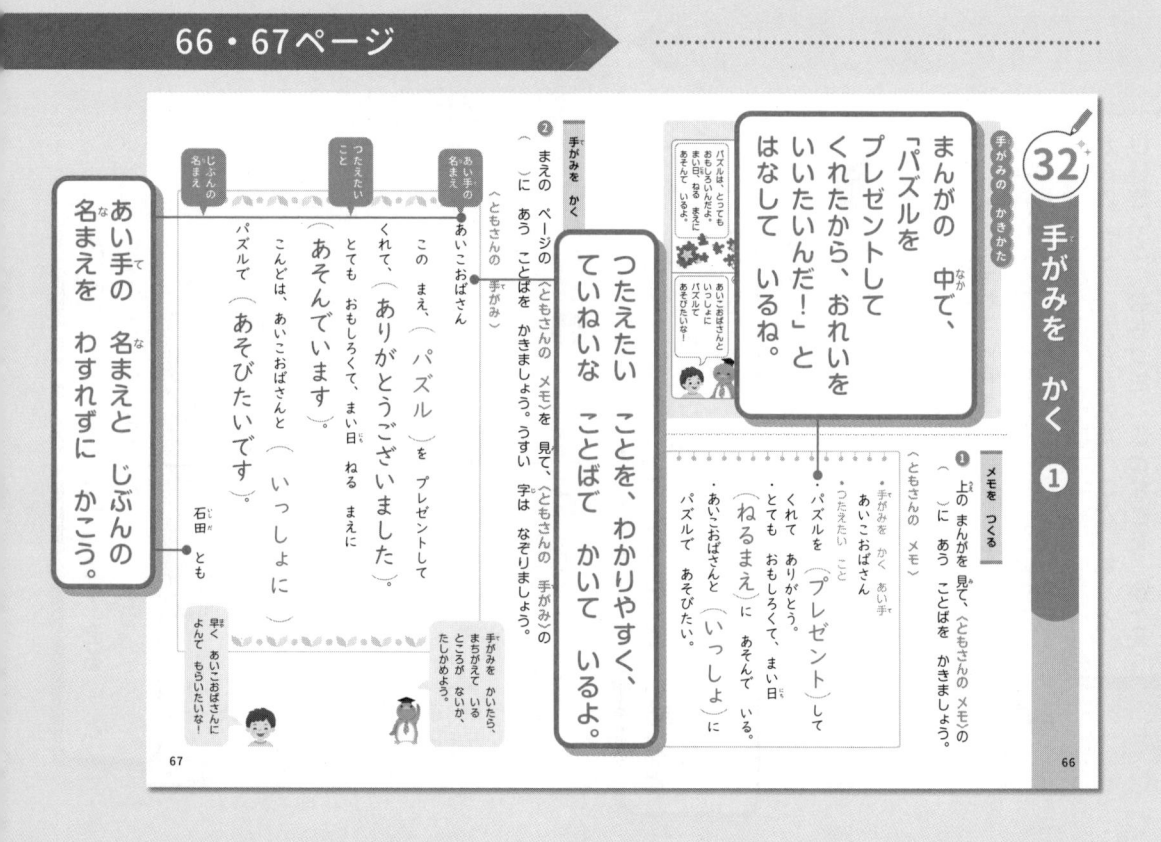

68・69ページ

33 手がみを かく ②

みぢかな 人《ひと》に 手《て》がみを かきましょう。

メモを つくる

あなたは、だれに なにを つたえたいかな? ともだちや かぞく、先生など、みぢかな 人の 中から ひとり きめよう。

❶ あなたの 〈メモ〉を つくりましょう。

〈メモ〉(れい)

・手《て》がみを かく あい手《て》
(森山 ゆうや先生)

・つたえたい こと
・じてん車にのれるようになった。
・このまえ、先生が「がんばってね。」といってくれたから、いっしょうけんめいれんしゅうした。
・いつか、先生にも、じてん車にのっているところを見てほしい。

> つたえたい ことを 一《ひと》つ きめて、くわしく かこう。

手《て》がみを かく

❷ まえの ページの 〈メモ〉を 見……

(れい)

あい手の 名まえ:(森山 ゆうや先生)

つたえたい こと:
わたしは、じてん車にのれるようになりました。このまえ、先生が「がんばってね。」といってくれたので、いっしょうけんめいれんしゅうしました。いつか、先生にも、じてん車にのっているところを見てほしいです。

じぶんの 名まえ:(中村 さおり)

……ていねいに かく ことが たいせつだよ。

> 「~ました。」「~です。」「~ます。」などの ていねいな いいかたで かこう。

> あい手《て》の 名《な》まえと じぶんの 名《な》まえを わすれずに かこう。

68　69

70・71ページ

34 かんさつした こと ①

かんさつした ことを しらせる 文しょうの かきかた

みの まわりの 生《い》きものや 花、木などを よく 見《み》て、気《き》が ついた ことを しらせる 文しょうを かきましょう。

◆かんさつする ものを よく 見て、
●かたち ●いろ ●大きさ ●さわった かんじ ●うごき ●音 ●におい
など、気が ついた ことを メモに かこう。

◆文しょうを かく ときは、
●いろは、~です。●大きさは、~です。●さわると、~です。●~が、あります。
など、なにを つたえて いるか、よく わかるように かこう。

わたしは、いえで かって いる かぶと虫を かんさつするよ!

メモを つくる

❶ 〈みゆさんの メモ〉の (　)に あう ことばを、□から えらんで かきましょう。

つの　かたい　こげちゃいろ

〈みゆさんの メモ〉

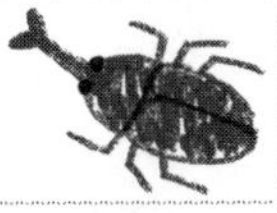

・かんさつした もの
いえで かって いる かぶと虫《むし》

・気が ついた こと
・いろは、(こげちゃいろ)。
・さわると、(かたい)。つるつるして いる。
・大きな (つの)が ある。先が 二つに わかれて いる。

・おもった こと
つのが、つよそうで かっこいい。

> 「いろは、」「さわると、」「~が ある。」と いう ことばから かんがえよう。

文しょうを……

❷ まえの……(　)に……

わたしは、いえで かって いる (かぶと虫) を (かんさつしました)。

(いろは、こげちゃいろ です)。

(さわると、かたくて、) つるつるして います。

大きな つのが あって、つのの 先が 二つに (わかれています)。

つのが、(つよそう)で かっこいいです。

かんさつした もの／気が ついた こと／おもった こと

わたしは、・いろ ・さわった かんじ ・かたち(つの) を かいたよ。

気が ついた ことを、じゅんばんに わかりやすく かいて いるね!

> 「さわると かたい。」「つるつるして いる。」と いう、「さわった かんじ」の ことを、一《ひと》つの 文《ぶん》に まとめて かいて いるね。

> かんさつして かんがえた こと、もっと しりたいと おもった ことなどを かこう。

70　71

72・73ページ

35 かんさつした こと ②

みの まわりの 生《い》きものや 花《はな》、木《き》などを よく 見《み》て、気《き》が ついた ことを しらせる 文《ぶん》しょうを かきましょう。

メモを つくる

かんさつしながら えを かくと、いろいろな ことに 気《き》が つくよ。

❶ あなたの 〈メモ〉を つくりましょう。

〈メモ〉（れい）

・かんさつした もの （あさがおの 花）

▼かんさつした ものの えを かこう。

・かたち ・いろ ・大《おお》きさ ・さわった かんじ ・うごき ・音《おと》 ・におい などを かこう。

・気《き》が ついた こと

・かたちは、ラッパみたい。

・いろは、こい青。下のほうは白。

・においはほとんどしない。

・花びらにさわったら、うすくて、すべすべしていた。

・おもった こと （いろが、とてもきれいだ。）

文《ぶん》しょうに

❷ まえの……うすい……

（れい）

▼どちらかを ◯で かこもう。

（ぼく・わたし）は、（あさがおの花 ）を かんさつしました。

かたちは、ラッパみたいです。いろは、こい青で、下のほうは白です。においは、ほとんどしません。花びらにさわったら、うすくて、すべすべしていました。

いろが、とてもきれいだとおもいました。

かんさつした もの ／ 気《き》が ついた こと ／ おもった こと

よんで たしかめよう

72　73

にて いる ものを つかって せつめいすると、みじかい ことばで わかりやすく つたえる ことが できるね。

「かたちは、」「いろは、」「においは、」「花《はな》びらに さわったら、」と、文《ぶん》の はじめに、なにに ついて せつめいして いるかを かくと わかりやすいね。

74・75ページ

36 人《ひと》に きいた こと ①

きいた ことを しらせる 文しょうの かきかた

メモを つくる

❶ 上《うえ》の まんがを 見《み》て、〈ともさんの メモ〉の（　）に あう ことばを かきましょう。

〈ともさんの メモ〉

・はなしを きいた 人《ひと》 おかあさん

・きいた こと

① いま、いちばん いきたい ところ （ふじ山）の ちょう上《じょう》。

② その わけ 日本一《にほんいち》 たかい ところの （空気）が、どんな あじか （しりたい）から。

・おもった こと その 空気《くうき》を、ふくろに （入れて）きて ほしいな。

……ちょう上です。……からです。

❷ （　）に あう ことばを かきましょう。うすい 字は なぞりましょう。

〈ともさんの 文しょう〉

おかあさんが、いま、いちばん いきたい ところは、ふじ山《さん》の（ちょう上だそうです）。

（どうしてかというと、）日本一《にほんいち》 たかい ところの 空気《くうき》が、どんな あじか（しりたいからだそうです）。

ぼくは、おかあさんの はなしを きいて、その 空気《くうき》を ふくろに（入れてきてほしいな　）と おもいました。

はなしを きいた 人 ／ きいた こと① ／ きいた こと② ／ おもった こと

「わけ」は、「どうしてかと いうと、～から」と いう いいかたで かこう。

人《ひと》から きいた ことは、「～そうです。」と かこう。

しらなかった ことばかりだったよ。はなしを きけて、おもしろかったな！

74　75

まんがの 中《なか》で、「どうしてですか。」と きかれて、「日本一《にほんいち》 たかい ところの 空気《くう き》が、どんな あじか しりたいからです。」と こたえて いるね。

人《ひと》から きいた ことは、「～そうです。」と いう いいかたで かこう。

「わけ」は、「どうしてかと いうと、～から」と いう いいかたで かこう。

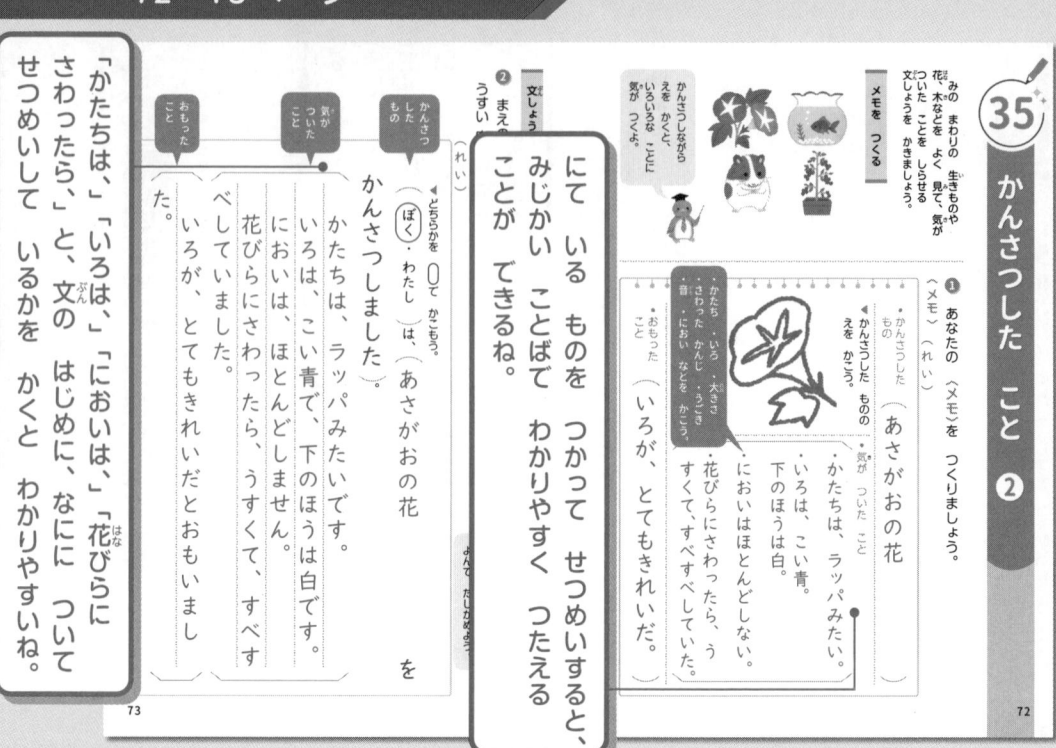

76・77ページ

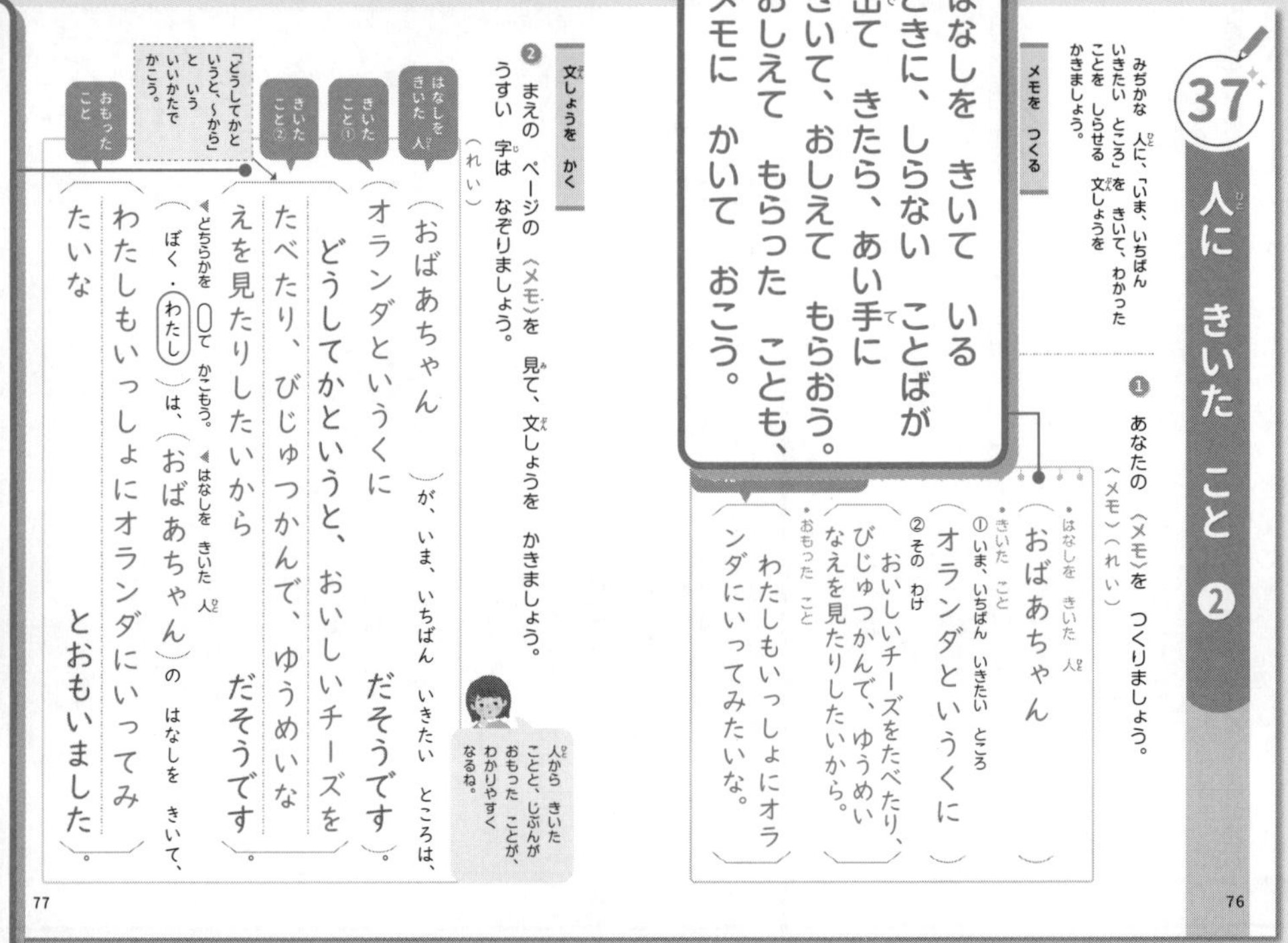

37 人《ひと》に　きいた　こと ②

みぢかな　人《ひと》に、「いま、いちばん　いきたい　ところ」を　きいて、わかった　ことを　しらせる　文《ぶん》しょうを　かきましょう。

メモを　つくる

❶ あなたの　〈メモ〉を　つくりましょう。

〈メモ〉（れい）

・はなしを　きいた　人《ひと》
（おばあちゃん）

・きいた　こと
①いま、いちばん　いきたい　ところ
（オランダと　いう　くに）
②その　わけ
（おいしい　チーズを　たべたり、びじゅつかんで、ゆうめいな　えを　見《み》たり　したいから。）

・おもった　こと
（わたしも　いっしょに　オランダに　いって　みたいな。）

文《ぶん》しょうを　かく

❷ まえの　ページの　〈メモ〉を　見《み》て、文《ぶん》しょうを　かきましょう。うすい　字《じ》は　なぞりましょう。

（れい）

はなしを　きいた　人《ひと》／きいた　こと①／きいた　こと②／おもった　こと

「どうしてかと　いうと、〜から」と　いう　いいかたで　かこう。

（おばあちゃん）が、いま、いちばん　いきたい　ところは、（オランダと　いう　くに　だそうです）。
（どうしてかと　いうと、おいしい　チーズを　たべたり、びじゅつかんで、ゆうめいな　えを　見《み》たり　したいから　だそうです）。
▼どちらかを　○で　かこもう。　▼はなしを　きいた　人《ひと》
（ぼく・わたし）は、（おばあちゃん）の　はなしを　きいて、
（わたしも　いっしょに　オランダに　いって　みたいな　とおもいました）。

人《ひと》から　きいた　ことと、じぶんが　おもった　ことが、わかりやすく　なるね。

はなしを　きいて　いる　ときに、しらない　ことばが　出《で》て　きたら、おしえて　もらおう。あい手《て》に　きいて、おしえて　もらった　ことも、メモに　かいて　おこう。

「わけ」は、「どうしてかと　いうと、〜からだそうです。」と　いう　いいかたで　かこう。

78・79ページ

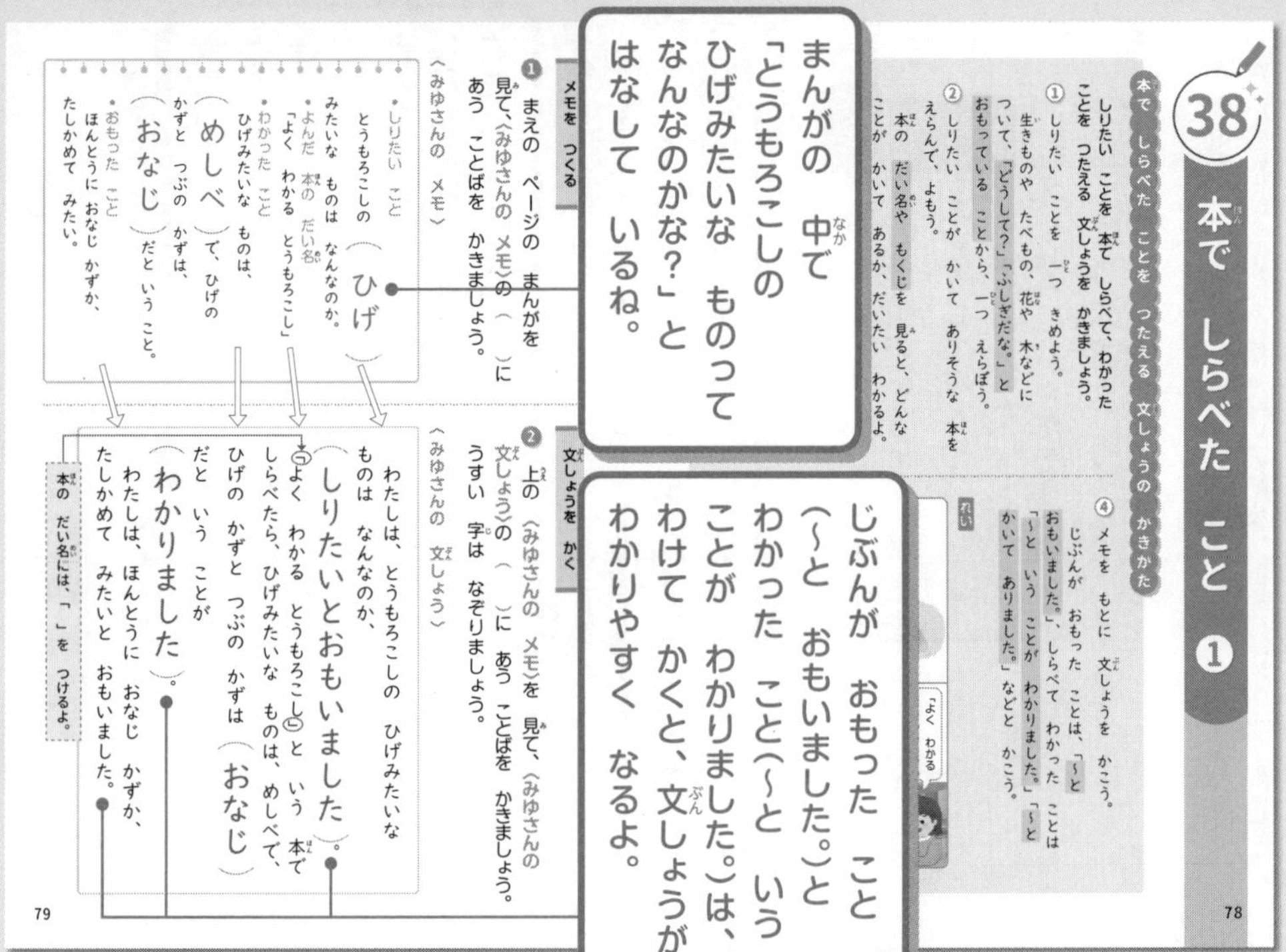

38 本《ほん》で　しらべた　こと ①

本《ほん》で　しらべた　ことを　つたえる　文《ぶん》しょうの　かきかた

しりたい　ことを　本《ほん》で　しらべて、わかった　ことを　つたえる　文《ぶん》しょうを　かきましょう。

① しりたい　ことを　一《ひと》つ　きめよう。
生《い》きものや　たべもの、花《はな》や　木《き》などに　ついて、「どうして？」「ふしぎだな。」と　おもっている　ことから、一《ひと》つ　えらぼう。

② しりたい　ことが　かいて　ありそうな　本《ほん》を　えらんで、よもう。
本《ほん》の　だい名《めい》や　もくじを　見《み》ると、どんな　ことが　かいて　あるか、だいたい　わかるよ。

④ メモを　もとに　文《ぶん》しょうを　かこう。
じぶんが　おもった　ことは、「〜と　おもいました。」、しらべて　わかった　ことは「〜と　いう　ことが　わかりました。」「〜と　かいて　ありました。」などと　かこう。

メモを　つくる

❶ まえの　ページの　まんがを　見《み》て、〈みゆさんの　メモ〉の（　）に　あう　ことばを　かきましょう。

〈みゆさんの　メモ〉

・しりたい　こと
とうもろこしの（ひげ）みたいな　ものは　なんなのか。
・よんだ　本《ほん》の　だい名《めい》
「よく　わかる　とうもろこし」
・わかった　こと
ひげみたいな　ものは、（めしべ）で、ひげの　かずと　つぶの　かずは、（おなじ）だと　いう　こと。
・おもった　こと
ほんとうに　おなじ　かずか、たしかめて　みたい。

文《ぶん》しょうを　かく

❷ 上《うえ》の　〈みゆさんの　メモ〉を　見《み》て、〈みゆさんの　文《ぶん》しょう〉の（　）に　あう　ことばを　かきましょう。うすい　字《じ》は　なぞりましょう。

〈みゆさんの　文《ぶん》しょう〉

わたしは、とうもろこしの　ひげみたいな　ものは　なんなのか、（しりたいとおもいました）。
「よく　わかる　とうもろこし」と　いう　本《ほん》で　しらべたら、ひげみたいな　ものは、めしべで、ひげの　かずと　つぶの　かずは（おなじ）だと　いう　ことが（わかりました）。
わたしは、ほんとうに　おなじ　かずか、たしかめて　みたいと　おもいました。

本《ほん》の　だい名《めい》には、「　」を　つけるよ。

まんがの　中《なか》で「とうもろこしの　ひげみたいな　ものって　なんなのかな？」と　はなして　いるね。

じぶんが　おもった　こと（〜と　おもいました。）と　わかった　こと（〜と　いう　ことが　わかりました。）は、わけて　かくと、文《ぶん》しょうが　わかりやすく　なるよ。

80・81ページ

39 本《ほん》で　しらべた　こと ②

あなたが　しりたい　ことを　本《ほん》で　しらべて、わかった　ことを　つたえる　文しょうを　かきましょう。

メモを　つくる

あなたが、「どうして？」「ふしぎだな。」と　おもって　いる　ことは、なにかな？

❶ あなたの　〈メモ〉を　つくりましょう。

〈メモ〉（れい）

・しりたい　こと
だんご虫は、どうしてまるくなるのか。

・よんだ　本《ほん》の　だい名《めい》
「ダンゴムシの　くらし」

・わかった　こと
だんご虫は、てきにおそわれたときに、かたいからでみをまもるためにまるくなるということ。

・おもった　こと
まえからふしぎだなとおもっていたので、わかってよかった。

本《ほん》に　かいて　ある　ことを、その　まま　かきうつしても　いいよ。

文しょうを　かく

❷ まえの　ページ……うすい　字は　な……

（れい）

▼どちらかを ◯で　かこもう。

（ぼく・わたし）は、だんご虫は、どうしてまるくなるのかしりたいとおもいました。

「ダンゴムシの　くらし」

という　本《ほん》で　しらべたら、

だんご虫は、てきにおそわれたときに、かたいからでみをまもるためにまるくなるということがわかりました。

まえからふしぎだなとおもっていたので、わかってよかったです。

しりたい　こと／よんだ　本の　だい名／「」を　つけて　かこう。／わかった　こと／おもった　こと

本《ほん》の　だい名《めい》には、「　」を　つけるよ。

じぶんが　おもった　ことと、本《ほん》で　しらべて　わかった　ことは、文《ぶん》を　わけて　かくよ。

82・83ページ

40 おはなしを　つくる ①

おはなしの　つくりかた

えを　見《み》て、□に　入《はい》る　ことばを　かんがえて、おはなしを　つくりましょう。

◆とうじょう人《じん》ぶつが　した　ことや　いった　ことを　かんがえよう。

とうじょう人ぶつ
おはなしに　出《で》て　くる　人《ひと》や　どうぶつの　こと。

◆①→②→③と、おはなしが　つながるように　かんがえよう。

① 森《もり》の　中《なか》で、□が　おにぎりを　たべて　いました。すると、そこに　くまの　□が　やって　きました。□は、りんごを　たくさん　もって　いました。

② 「□は、□。」と　いいました。それを　きいて、□は、「□。」と　いいました。

③ ？　ふたりは、

❶ ①に　出《で》て　くる、とうじょう人《じん》ぶつの　名《な》まえを　かんがえて、（　）に　かきましょう。

〈みゆさんの　れい〉
（なおきくん）おにぎりを　たべて　いた　男《おとこ》の子《こ》
（ももちゃん）りんごを　もって　やって　きた　くま

〈あなたが　かんがえた　名《な》まえ〉（れい）
（はやとくん）おにぎりを　たべて　いた　男《おとこ》の子《こ》
（ムーンくん）りんごを　もって　やって　きた　くま

あなたの　すきな　名まえを　かんがえよ……

❷ ②で　ふたりが　いった　ことを　かんがえて、□に　かきましょう。

〈みゆさんの　れい〉
おいしそうな　りんごだね。
いっしょに　たべよう。

（れい）〈あなたが　かんがえた　ことば〉
ムーンくん、どこにいくの。
山の上の、ハナおばあちゃんのいえだよ。

男《おとこ》の子《こ》が　いった　ことに　つながるように、くまの　ことばを　かんがえよう。ふたりが　はなしを　して　いる　かんじに　なるよ。

84・85ページ

41 おはなしを　つくる ②

③は、①や　②と　つながりが　ある　ことを　かんがえて　みよう。（れい）では、①で　くまが　りんごを　たくさん　もって　いた　ことや、②で　くまが　「ハナおばあちゃんの　いえだよ。」と　いって　いた　ことと　つながりが　あるね。

〈あなたが　かんがえた　こと〉（れい）
ふたりは、りんごをはんぶんずつもって、ハナおばあちゃんのいえにいった。

③
・ふたりが　した　こと
ふたりは、いっしょに　りんごを　たべた。

メモを　つくったら、①・②・③が　つながって　いるか、たしかめよう。

すごい！　おはなしが　つくれたね。

おはなしを　かく

4 まえの　ページの　〈みゆさんの　メモ〉を　見《み》て、〈みゆさんの　おはなし〉の（　）に　あう　ことばを　かきましょう。うすい　字《じ》は　なぞりましょう。

〈みゆさんの　おはなし〉

① 
森《もり》の　中《なか》で、（なおきくん）が　おにぎりを　たべて　いました。
すると、そこに　くまの　ももちゃんが　やって　きました。
ももちゃんは、りんごを　たくさん　もって　いました。

② 
なおきくんは、
「おいしそうなりんごだね。」
と　いいました。それを　きいて、ももちゃんは、
「いっしょにたべよう。」
と　いいました。

③
ふたりは、いっしょに　りんごを（たべました）。

いった　ことには、「　」を　つけるよ。

メモを　つくったから、すらすら　かけたよ！

つぎの　ページで、あなたも　〈メモ〉を　つくって、おはなしを　かくよ！

いった　ことを　かく　ときは、その　まえの　文《ぶん》と　ぎょうを　かえて、「　」を　つけて　かくよ。

86・87ページ

42 おはなしを　つくる ③

メモを　つくる

1 83・84ページで　あなたが　かいた　ことを　見《み》て、〈あなたの　メモ〉を　つくりましょう。

〈あなたの　メモ〉（れい）

①
・おにぎりを　たべて　いた　男《おとこ》の子《こ》…（はやとくん）
・りんごを　もって　やって　きた　くま…（ムーンくん）
83ページの　1を　見よう。

②
・男《おとこ》の子《こ》が　いった　こと
「（ムーンくん、どこにいくの。）」
・くまが　いった　こと
「（山の上の、ハナおばあちゃんのいえだよ。）」
83ページの　2を　見よう。

③
・ふたりが　した　こと
（ふたりは、りんごをはんぶんずつもって、ハナおばあちゃんのいえにいった。）
84ページの　3を　見よう。

①・②・③が　つながって　いるか、たしかめよう。

①・②・③が　つながって　いるか　たしかめよう。

おはなしを　かく

2 まえの　ページの　〈あなたの　メモ〉を　見《み》て、おはなしを　かきましょう。うすい　字《じ》は　なぞりましょう。（れい）

① 
森《もり》の　中《なか》で、（はやとくん）が　おにぎりを　たべて　いました。
すると、そこに　くまの（ムーンくん）が　やって　きました。
（ムーンくん）は、りんごを　たくさん　もって　いました。

② 
（はやとくん）は、
「ムーンくん、どこにいくの」。
と　いいました。それを　きいて、（ムーンくん）は、
「山の上の、ハナおばあちゃんのいえだよ。」
と　いいました。

③
ふたりは、りんごをはんぶんずつもって、
ハナおばあちゃんのいえにいきました。

「　」を　つけて　かこう。

くまの　名《な》まえを　かこう。

男《おとこ》の子《こ》の　名《な》まえを　かこう。

いった　ことには、「　」を　つけよう。

88・89ページ

43 一年《いちねん》かんの　おもい出《で》 ①

できごとを　つたえる　文《ぶん》

一年《いちねん》かんの　おもい出の　こころに　のこって　いる　文しょうを　かきましょう。

◆いちばん（たのしかった　こと／がんばった　こと／うれしかった　こと／おどろいた　こと）など、つたえたい　ことを　一つ　きめよう。

その　ときに　した　ことや　おもった　ことを　おもい出して、じゅんじょ　よく　かこう。

れい　プールの　じゅぎょうが　たのしかったな！

・つたえたい　おもい出　いちばん　たのしかった　こと。（プール）の　じゅぎょう
・した　ことや　おもった　こと
・はじめは　すこし（どきどき）した。
・みんなで　水を　かけたり　もぐったり　して　いたら、だんだん　たのしく　なった。
・石とりや（おにごっこ）も　した。
・プールの　じゅぎょうが　大すきに　なった。
・いま　おもって　いる　こと　二年生でも、プールの　じゅぎょうが　たくさん　あると　いいな。

2　まえの　ページの〈ともさんの　メモ〉を　見て、〈ともさんの　文しょう〉の（　）に　あう　ことばを　かきましょう。うすい　字は　なぞりましょう。

文しょうを　かく

〈ともさんの　文しょう〉

つたえたい　おもい出

ぼくが　一年かんで　いちばん（たのしかったこと）は、（プールのじゅぎょうです）。

した　ことや　おもった　こと

はじめは、すこし　どきどきしました。でも、みんなで　水を　かけたり（もぐったり）して　いたら、だんだん　たのしく　なりました。（石とり）や　おにごっこも　しました。ぼくは　プールの　じゅぎょうが（大すき）に　なりました。

じゅんじょ　よく　かこう。

いま　おもって　いる　こと

二年生でも、プールの　じゅぎょうが（たくさんあるといいなとおもいます）。

「いま　おもって　いる　ことを　かこう。」「○○したい。」「また　○○して　よかった。」など

とっても　たのしかったんだね。よく　わかったよ！

> まんがの　中《なか》で、「プールの　じゅぎょうが　たのしかったな！」と　はなして　いるね。

> はじめに、つたえたい　おもい出《で》が　なにかを　かくと、文《ぶん》しょうが　わかりやすく　なるね。

90・91ページ

44 一年《いちねん》かんの　おもい出《で》 ②

あなたの　一年《いちねん》かんの　おもい出の　中で、いちばん　こころに　のこって　いる　ことを　つたえる　文しょうを　かきましょう。

メモを　つくる

1　あなたの〈メモ〉を　つくりましょう。

〈メモ〉（れい）

・つたえたい　おもい出　いちばん（うれしかった）こと。（セロリがたべられるようになったこと。）
・した　ことや　おもった　こと
・きゅうしょくのサラダに、セロリが入っていた。
・がんばってたべてみようとおもって、ツナといっしょに口に入れた。
・かんだら、にがくなくておいしかった。
・うれしくて、いえでかぞくにはなした。
・いま　おもって　いる　こと　がんばってたべてみてよかった。しいたけもたべてみようかな。

> 見《み》た　ことや、きいた　こと、いった　ことなども　おもい出《だ》して　かくと、その　ときの　ことが　よく　わかる　文《ぶん》しょうに　なるよ。

2　まえの　ページの……

文しょうを　かく

（れい）

▼どちらかを〇で　かこもう。

つたえたい　おもい出

（ぼく・わたし）が　一年かんで　いちばん（うれしかった）ことは、（セロリがたべられるようになったこと）です。

した　ことや　おもった　こと

きゅうしょくのサラダに、セロリが入っていました。がんばってたべてみようとおもって、ツナといっしょに口に入れました。かんだら、にがくなくておいしかったです。うれしくて、いえでかぞくにはなしました。

いま　おもって　いる　こと

がんばってたべてみてよかったです。しいたけもたべてみようかなとおもいます。

> その　ときの　ことを、した　じゅんに　かくと、わかりやすく　なるね。

> 「〜ました。」「〜です。」「〜ます。」などの　ていねいな　いいかたで　かこう。

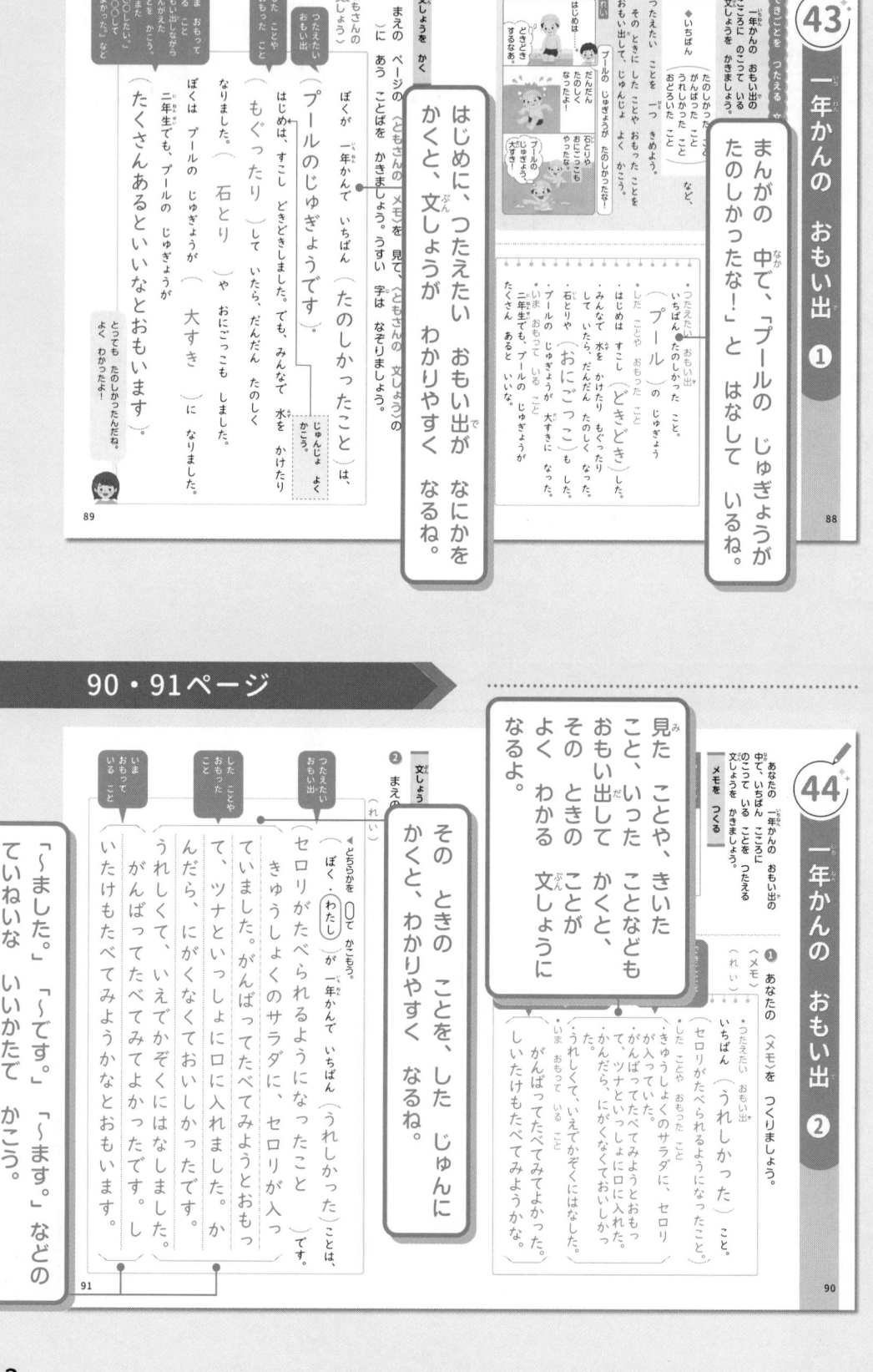

92・93ページ

45 二年生《にねんせい》に なったら したい こと①

したい ことを つたえる 文《ぶん》しょうの かきかた
二年生《にねんせい》に なったら したい ことを つたえる

「一りん車に のれるように なりたいな!」
いるのを 見て、たのしそうだなと おもったからだよ。
じょうずに のれるように なったら いいな。

まんがの 中《なか》で、「二年生《にねんせい》に なったら、一《いち》りん車《しゃ》に のれるように なりたいな!」と はなして いるね。

メモを つくる

① 上《うえ》の まんがを 見《み》て、〈みゆさんの メモ〉の（ ）に あう ことばを かきましょう。

〈みゆさんの メモ〉
・したい こと （一りん車）に のれるように なりたい。
・したい わけ いとこの りかちゃんが、一《いち》りん車《しゃ》に のって いるのを 見《み》て、（たのしそう）だなと おもったから。
・いま おもって いる こと りかちゃんに（のりかた）を おしえて もらって、おなじぐらい じょうずに のれるように なったら いいな。

92

（ ）に あう ことばを かきましょう。うすい 字《じ》は なぞりましょう。

〈みゆさんの 文《ぶん》しょう〉

したい こと
わたしは、二年生《にねんせい》に なったら、（一りん車にのれるようになりたいです）。

したい わけ
（どうしてかというと）、いとこの りかちゃんが 一《いち》りん車《しゃ》に（のっている）のを 見《み》て、たのしそうだなと（おもったからです）。

いま おもって いる こと ・どんなふうに したいか ・それを すると どう なると おもうか ・いまから どんな じゅんびを するか など
りかちゃんに のりかたを おしえて もらって、おなじぐらい（じょうず）に のれるように なったら いいなと（おもいます）。

みゆさんの かんがえて いる ことが、とても よく わかったよ!

わけを かく ときは、「どうしてかと いうと、〜からです。」と いう いいかたで かくよ。

一《いち》りん車《しゃ》に のれるように なる ために、どう するかや、どう なりたいと おもうかを かいて いるね。

94・95ページ

46 二年生《にねんせい》に なったら したい こと②

あなたが 二年生《にねんせい》に なったら したい ことを つたえる 文《ぶん》しょうを かきましょう。

① あなたの 〈メモ〉を つくりましょう。

〈メモ〉（れい）
・したい こと うみで、ふねにのってつりをしてみたい。
・したい わけ つりがすきだけれど、まだ、ふねでつりをしたことがないから。
・いま おもって いる こと いまから、おとうさんと、どこでどんなさかながつれるのか、しらべておきたい。

あたらしく する ことだけで なく、いままでに した ことが ある ことでも いいよ。
・一年生《いちねんせい》から やって いる ○○を、もっと がんばりたい。
・また ○○に いきたい。 など

94

文《ぶん》しょうを かく

② まえの ページの 〈メモ〉を 見《み》て、文《ぶん》しょうを かきましょう。（れい）

▼どちらかを ◯で かこもう。
（ぼく・わたし）は、二年生《にねんせい》に なったら、うみで、ふねにのってつりをしてみたいです。

どうしてかというと、ぼくは、つりがすきだけれど、まだ、ふねでつりをしたことがないからです。

いまから、おとうさんと、どこでどんなさかながつれるのか、しらべておきたいとおもいます。

したい こと / したい わけ / いま おもって いる こと
「どうしてかと いうと、〜からです。」と いう いいかたで かこう。

95

「どうしてかと いうと、〜からです。」と いう いいかたで かこう。

◆げんこうようしの　正《ただ》しい　つかいかたを　おぼえましょう。
文《ぶん》しょうを　かいたら、まちがいが　ないか　たしかめましょう。

だい名《めい》を　かく
ときは、
二《ふた》ますか　三《さん》ます
あけましょう。

かきはじめは、
一《ひと》ます
あけましょう。

文《ぶん》しょうの
まとまりの
はじめは、一《ひと》ます
あけましょう。

。《まる》と　下《した》の　」《かぎ》は、
一《ひと》つの　ますに
かきましょう。

　　おいしいホットケーキ
　　　　　　　　　　上田　かな　
　日よう日のあさ、おにいちゃん
とホットケーキをつくりました。
　はじめに、ぎゅうにゅうをボウ
ルに入れました。おにいちゃんが、
「かな、たまごをわっていいよ。」
といいました。わたしは、たまご

一《ひと》ますに　一《ひと》文字《もじ》ずつ
かきましょう。

名字《みょうじ》と　名《な》まえの
あいだ、名《な》まえの
下《した》は、一《ひと》ます
あけましょう。

小《ちい》さい　「っ」「ゃ」
「ゅ」「ょ」も、
一《ひと》ますに
一《ひと》文字《もじ》ずつ
かきましょう。

、《てん》。《まる》「」《かぎ》も、
一《ひと》ますに
一つずつ
かきましょう。

、《てん》。《まる》や
下《した》の　」《かぎ》が
いちばん　上《うえ》の
ますに　くる
ときは、まえの
ぎょうの　さいごに、
文字《もじ》と　いっしょに
かきましょう。

くもんの国語集中学習　小学１年生 作文・表現にぐーんと強くなる

2023年３月　第１版第１刷発行
2024年10月　第１版第４刷発行

●発行人　泉田義則
●発行所　株式会社くもん出版
〒141-8488 東京都品川区東五反田2-10-2
東五反田スクエア11F
電話　編集　03(6836)0317
　　　営業　03(6836)0305
　　　代表　03(6836)0301

●印刷・製本　TOPPAN株式会社
●カバーデザイン　辻中浩一＋村松亨修（ウフ）
●カバーイラスト　亀山鶴子

ISBN 978-4-7743-3367-0

ＣＤ 57333
くもん出版ホームページアドレス　https://www.kumonshuppan.com/

●本文イラスト　kazuemon
●本文デザイン　岸野祐美（株式会社京田クリエーション）
●編集協力　株式会社あいげん社

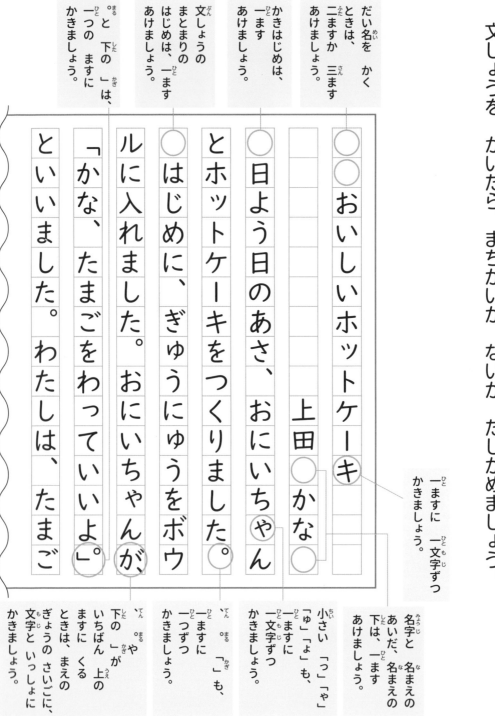

② まえの　ページの　〈メモ〉を　見《み》て、文《ぶん》しょうを　かきましょう。

▼どちらかを ◯で　かこもう。

（ぼく・わたし）は、二《に》年《ねん》生《せい》に　なったら、

したい　こと

。

したい　わけ

「どうしてかと　いうと、～からです。」と　いう　いいかたで　かこう。

いま　おもって　いる　こと